人生後半成功物語

人生100年時代の生き方

萩原　睦幸

Mutsuyuki Hagiwara

三恵社

はしがき

最近新居に引っ越した。その整理の途中で、約40年分の日記が見つかった。走り書きや乱雑な文字で、読めない箇所もあったが、読み進んで行くうちに、当時の状況が鮮明に甦る箇所もあれば、まったく記憶にないところもあった。仕事のこと、健康のこと、家族のことなどが記録されている。

私の人生も残り少なくなった。そうだ、まだ記憶が鮮明のうちにまとめておこうと思いついたのが本著である。思えば私の人生は平凡だった。世の中に多大な貢献をしたとか、今までにない特別な何かを発見したというような実績もない。年齢相応の人生を歩んできただけだ。

山梨の片田舎に生まれ、普通に育ち、志望大学に入れず地方大学に行った。卒業し、就職して、家庭を持ち、子供にも恵まれた。その上マイホームと別荘まで持てた。

そのまま定年までと思っていたが、50歳で早期退職した。当時の退職は勇気が要ったが、今思えば大正解だった。

独立後はすべて自分の思うままにでき、経営も順調でここまでこれた。退職前と後ではこんなにも違うことを身に染みて実感している。人生１００年時代を迎え、後半の人生をどう過ごすかが、今大きな話題になっている。

独立後、仕事を通じて全国のさまざまな業種の人と知り合うことができ、生涯の友人としてこれからも大切にして行くつもりだ。相手を信用する・信頼される。まさにこれが人間関係構築の基本だ。

今後は人生の前半はともかく、後半をいかに充実できるかが問われるだろう。

私の場合は著書だった。この著書のお陰で全国のさまざまな企業から講演依頼が相次ぎ、海外講演も行った。

たまたま関係した国際規格ＩＳＯに関わる仕事も、私の性に合っていたかもしれない。

これだけ寿命が延びてくると、人生２毛作、３毛作の時代が確実に来る。

であれば、それに備え準備が必要だ。今のうちから視野を広げ、いろいろなものに興味を持ちチャレンジすることだ。それがまた新たなビジネスを生み、別の人生のスタートになるかもしれない。

私の人生も前半は苦難続きで苦しんだ。でも後半は、本当に充実した時間を過ごせたと思っている。

実は今、私の頭の中には３毛作目の構想がある。社会貢献活動に近いが、その実現に向け努力してみたい。

本著が、人生後半の生き方を模索する読者の参考になれば幸いである。

人生後半成功物語｜CONTENTS
人生100年時代の生き方

第1章

出生から就職まで

出生地

私は戦後2年ほど経った頃、山梨の片田舎で生まれた。生地はブドウの一大産地勝沼である。(甲州市勝沼町)2つ上の兄と2つ下の妹がいて次男だった。田舎には「屋号」というのがあり、実家は「下松屋」と呼ばれていた。近くには同じ萩原姓で「上松屋」「中松屋」もあり、何らかの血縁関係があったらしい。

祖父は郡役所(現在の市役所)に勤めていて、彼は広大なブドウ園を所有し、郡役所に勤めながらブドウ園を切り盛りしていた。いつも気持ちが穏やかな夏目漱石に似た風貌で、家族はもちろん近所からも慕われた人間だった。

父は戦後帰国し小学校の教師をしていた。母は3人の子育てをしながらこの広大なブドウ園を運営し、父も教員をしながら休日にはよく手伝っていた。自宅は昔の甲州街道(旧国道20号)沿いにあり、当時東京方面から甲府に至る幹線道路で、一日中ひっきりなしに車の往来があり、騒音と排気ガスで住環境は決してほめられたものではなかった。自宅は500坪程度の敷地に、8LDKほどの間取りで、立派な欄間や随所にヒノキなどの高級木材が使用されており、築100年を超える現在も現役の住居だ。もっともさすがにあちこちに老朽化の兆候が出始め、何度か改修工事も行っている。本宅の横には、大きな蔵とぶどうの出荷作業を行う荷造り場が併設されていた。

蔵には地下室があり、そこにはたくさんの一斗ダルに葡萄酒が熟成・保管されていた。

小学生の頃、その一斗ダルから小瓶に小分けする作業を父から命令され、真っ暗で不気味な地下室へ恐る恐る出入りしたものだ。蔵の上階にはブドウの出荷に必要な材料類がうず高く積まれていたり、また昔の新聞や雑誌類も雑然と保管されていた。

4歳から近くの幼稚園に通い始めた。歩いて5〜6分の距離だが昼休みの「お昼寝」が楽しみなぐらいで当時の記憶はあまりない。ただ幼稚園の隣に「アジフライ」を販売している店があり、その味がうまくて今でも思い出すほどだ。

小学校

小学校は自宅から一番近い「勝沼小学校」に通った。当時は戦後のベビーブームで1学年2クラスがあり、80人前後だったように思う。全校生徒は、6学年併せると400〜500人ぐらいだっただろうか。当時給食制度はなく、自宅から弁当を持参した。冬の寒い日には弁当は冷えてしまうので、ストーブの周りにおいて温めてから食べた。弁当の中味がどうだったかは記憶にないが、昔から私は卵が好きだったので、卵焼きは欠かさず入っていたと思う。昼休みの楽しみは「キャッチボール」と「相撲」だった。中でも相撲は勝負の世界なので、負けると子供心にも面白くなく、勝つまで何回も挑戦した記憶がある。野球については私は左利きだったので、守備は自ずと一塁だった。サードかショートの内野ゴロを一塁で捕球した時に、見ていた数人の女の子が拍手してくれたことが忘れられない思い出だ。

また小学校4年ごろから日記を書かされた。学校で書いたのか家で書いたのか忘れたが、時々担任の教師が皆の前でその内容を披露することがあった。私の日記も時々取り上げられ、教師が内容を絶賛したり、同級性からも次が楽しみといわれたことが、その後の執筆の原点になっていたと思う。

もうひとつ。小学校4年生の春だった。母親から最近私の顔が黄色っぽく見えるとのことで近くの病院で診察を受けたところ、なんと「黄疸」の診断が下された。

即入院とのことで家族は大騒ぎ。1か月ほど入院を余儀なくされ、その後自宅療養となった。運動は禁止で屋外にもほとんど出られなかった。

結局半年ほど学校は休まざるを得ず、その間勉強は遅れ、何よりも同級性と会えないのがつらかった。そのようなときに誰かの発案で、たくさんの同級生が自宅に見舞いに来てくれた時の感激は今でも忘れてはいない。

小学校の一番の思い出は、やはり修学旅行だ。行く先は「江の島・鎌倉」だった。大きくて広い湘南の海と鶴ケ丘八幡宮の大仏は、子供心にも大きな衝撃だった。生まれ育った山梨は山国なので、「海」という存在に大いに憧れていたのだろう。

中学校

自宅から小学校よりも近い「勝沼中学校」に通った。中学校は小学校よりも生徒の通学範囲が広いので近隣のいくつかの小学校が集合した形になった。小さな部落にある小学校がひとつしかない中学校に集められた形である。結果として4つの小学校がひとつになったわけだが、我々の学年だけでも6組もあり、1学年だけで270人もいて、3学年だとざっと700人は超えていた。1年時の担任の先生が柔道部の顧問だったので、いきなり柔道部へ誘われたが、身体的に痩せていた私は練習を見るなりこれは無理だと思い入部しなかった。一方背は高い方だったので、バスケットが向いているのではと思い入部したが、想像を絶する過酷な練習についていて行けず、3か月ほどで辞めた。ということから中学時代は部活もせずあまり運動らしきものはしなかった。ひょっとしたら、小学校時代に患った黄疸が影響していたのかもしれない。

中学時代の学業成績はよく、学年で1〜3番以内だった。当時7〜8年先輩で現役で東大に行った人がいたが、その再来かと騒がれたものだ。もちろん実現できなかったが。

中学の思い出もやはり修学旅行だった。行く先は「日光」で、たしか秋口だったと思うが、現地がやけに寒かったのが印象に残っている。山梨も冬は盆地で寒いが、とてもその比ではない寒さだった。いろは坂や東照宮の神秘的な美しさはもちろん、一番印象に残っているのが温かい温泉だった。鬼怒川温泉のホテルだったと思うが、外が寒かっただけに温泉に浸かった時の気分は、まさに「極楽湯」そのものだった。

高校

当初自宅に一番近い進学校を目指していたが、担任教師の薦めもあり、県内で一番の進学校である「甲府一高」を選択した。当時の高校には今のような学区制限はなく、県内のどこの中学からでも受験できた。中学時代の成績から高校受験は自身があったが、当日雰囲気にのまれてしまい、思うような実力が発揮できなかった。何せ一高がある甲府市が、田舎の勝沼から見たら大都会に思えたからだった。高校生活は自宅近くのバス停から最寄りの中央線の塩山駅まで行き、そこから30分ほどの甲府駅までの往復。バスの便数が少なく、待合室で辛抱強く待ったものだ。全県下のさまざまな中学から優秀な学生が入ってきて、成績の優劣を競ったものだ。特に山梨大学付属中学から来た学生に優秀な人が多く、中には政治家や老舗ホテルの御曹司もいた。生徒数は戦後のベビーブームで1学年６００人を超える大所帯だった。私の学年も12クラスもあり、高校全体では2000人に迫るマンモス高校だった。昼食をとるのも大変で、校舎のど真ん中に食堂があるのだが、学生が押し寄せ、まともに昼食をとれる状況ではなかった。これを避けるため、昼食時には時々近くのパン屋に出かけたり、家から弁当を持参したりして凌いだ記憶がある。高校1年時から大学受験を控えたクラス分けがあり、幸い私は「英語」「数学」とも上位クラスだった。県内随一の進学校であり、十文字に交差した金色の徽章は誇り高く、街中を歩いていてもいつも注目される存在だった。

その一方でクラス仲間は、各々の中学を代表して進学してきた自負もあり、なかなか気持ちが打ち解けず、真の友情がはぐくまれずにそのまま卒業してしまった学生は少なくなかったのではないだろうか。

高校時代の大きな思い出の一つが「強行遠足」だ。甲府市のど真ん中にある高校を出発して、終点は長野県小諸市の全長100キロを徒歩で踏破するものだ。出発は午後5時で、懐中電灯を頼りに夜中ぶっ通しでひたすら歩く。最初はお互い元気なので会話も弾むが、そのうちだんだん無言になって行く。所々に休憩所が設けられていて、温かい味噌汁などが振舞われる。私も終点までの100キロ踏破に挑戦してみたが、せいぜい80キロが精いっぱいだった。当時の道は舗装されていないところが多く、石ころだらけの歩きづらい道だったが、全校生徒の二割近くは終点まで走破したものだ。行きは徒歩だが、帰りは「小海線」経由で帰ることができ、疲れ切った体には、車窓の景色が天国のように思えたものだ。

もう一つの思い出は、やはり修学旅行だ。行く先は「京都・奈良」だった。当時東海道新幹線の開業時期と重なり新幹線で往復できたかは覚えていない。一番印象に残ったのはやはり京都の街並みと歴史ある数々の建造物だ。同じクラスに京大受験を志望している者もいて、彼にとっては人一倍わくわく感があったに違いない。

ところで私が初めて女性の高校生と話をしたのが、京都の修学旅行でかつ同じ高校の同級生だった。私は不幸にも3年間男子クラスで同級の女性徒を誰一人知らず、修学旅行先で初めて会話した。何を話したかは記憶にないが、心がすごくときめいたことだけは覚えている。修学旅行の終了を契機にいよいよ大学受験に挑戦して行くことになる。

大学受験

私が高三時に在席していたクラスは「国立理系志望」だった。その他「国立文系」「私立理系」「私立文系」などがあり、「国立理系」が一番人数が多かった。当時は戦後の高度経済成長時代ということもあり、国立大工学部志望者が極端に多かったせいもあった。私も国立大理系学部を志望していたが、内心は医学部に進みたい気持ちが強く、そのためには当時の学力ではとても無理で東京で浪人生活を送ることにした。もし医者志望なら難しい国立医学部を目指すのではなく、私立の医学部でもよかったのだが、当時はまったく私立志向は頭になかった。

それでも浪人時代はそれなりに頑張り、全国規模の模擬テストでは、北大医学部合格可能性は最高ランクだった。ところがここで大きな失敗をしてしまう。

試験当日の悲劇

試験日前日、札幌のホテルで緊張のあまり一睡もできず、最悪のコンディションで試験に臨んだ。最初の試験の開始直後、なんと集中力を失い試験問題を読む気になれず、まわりの受験生の動向に気をとられ、時間だけ過ぎてしまう思ってもみない経過を辿ってゆく。もちろんこのような経験は今までなく、大きな絶望感に襲われてしまったのだ。

実はこのような失敗に遭遇する前に、受験にとって極めて気がかりなことが起こっていた。「車の騒音」の問題だ。前にも述べた通り、私の生家は大きな国道に面していて、昼夜を問わず車の騒音はとても耐えられるものではなかった。中でも大型トラックの通過は、大きな騒音とともに大地を揺るがすほどの衝撃が伴い、勉強も手につかず落ち着いて寝られない事態に陥ったことだった。

その後私は高三になり、大学受験も迫っている時、半ばノイローゼ状態となり、急遽騒音に惑わされない静かな環境の場所を探さざるを得ない状況に追い込まれてしまった。そこで思いついた先が母親の実家（北杜市明野町）だった。

この実家は高原にあり、周りは木々に囲まれ、車の騒音などとまったく無縁なところだった。ただし高校までの距離はかなりあり、バスや電車を乗り継いで片道2時間ほどかかった。当時この家は、2棟の建物から成り、私が臨時に住まわせてもらった一棟はかなり大きく、夜中にどこからか幽霊が出るのではと思わせる佇まいだった。

車の騒音

しかしながら車の騒音に対する恐怖心はこれで解消されたわけではなく、その後も続いた。東京での浪人時代も下宿探しは常に道路から離れた静かな場所を意識したものだ。実はその後の人生で、また騒音で悩まされた。社会人5年目で当時勤務していたY社の独身寮を追い出されることになった。5年を期限に全員退寮させられる決まりがあったからだ。たいていの社員は期限内にマイホームを確保し、そちらへ移る準備を進めていた。私もそれに倣いマイホームを探していたが、たまたま大手不動産会社が売り出したマンションに申し込んだところ抽選で当選してしまった。12階建ての最上階の角部屋。多少値段は張ったがせっかくの当選のご褒美。

昔飛行場だったという大きな公園の脇に立地していたが、目の前には信号が付いた交差点があった。最上階ならあまり騒音には惑わされないのではとの思いは、住んで見て吹き飛ばされた。音は上に行くほど拡散されると知ったのは住んでからだった。窓を開けると大きな公園の木々の緑がさわやかで、遠くには富士山もはっきり見える最高の場所だったが、何せ道路の車の騒音が気になり、1年足らずで現在の住所に買い替えを余儀なくされたのだった。

人生の大きな分かれ目

もともと志望する大学に合格できるか否かは、人生の大きな分岐点だと思う。大学には定員がある以上、落伍者が出るのは明白である。私もその一人だったが、戦後のベビーブームはどこの大学も入試の倍率が高かった。私も結果として地元の国立大学に行くことになるわけだが、全国の有名高校の卒業生もこの地方大学にかなり来ていた。当時大学は一期校と二期校に分かれていて、二期校は第一志望の大学に入れなかった受験生の受け皿としての位置づけだった。さてここでの大きな分かれ目は、少なくとも4年以上過ごす大学のキャンパスの広さや設備の充実、今までの歴史、卒業生の活躍度合などにより異なり、その後の人生に大きく影響してくる。

私が入学したこの大学は、当初から大学とは思えず、高校の延長かと錯覚するほどだった。というのは、卒業した高校から徒歩10分足らずに位置し、それに同じ高校からの同級生が多数在籍していたことも影響している。大学のキャンパスも狭く、5〜6分足らずで全体を回れてしまうほどだった。

当初自宅から大学に通っていたが、3年次になるころから親に頼み下宿をさせてもらった。トイレ付きの6畳間だったが、風呂は外部の銭湯で、帰りによく一杯やったものだ。下宿の近くに焼き鳥専門の店があり、毎日のように通いつめたことでマスターと親しくなり、学生でありながら「上客扱い」だった。アルバイトは、家庭教師に始まり、デパートの店員、引っ越しの手伝い、道路工事、農作業の手伝い、交通量の測定など、何ごとも経験が大事と思い積極的に請け負った。一方、体を鍛えることと、カッコ良い体形に憧れ水泳部に入部した。体形はそれなりに造られたがタイムが伴わず、幽霊部員に近かった。

一方学生仲間とよく息抜きに出かけた先が、清里高原だった。甲府から車で1時間もかからず行けてしまうので、真夏の暑い時はよく夕涼みに出かけたものだ。ここは標高が高く快適で、他県から来ていた学生の中には、将来ここに永住したいというものもいた。

私は、大学生活はどこか知らない街で過ごしてみたいという気持ちもあったが、周りは気心の知れたやつばっかりで、かつ高校時代から親しんだ街なので、それなりに楽しめたと思っている。ただこの年になってみると、学生時代など長い人生のほんの一時期だけで、人間の一生はその後の人生の方が、よっぽど大きく影響していたとわかってくる。

母親の死

父は山梨高等師範学校（現在の山梨大学教育学部）を出て教師になった。運動が好きで特に短距離（100メートル走）が得意で、各種大会に出ていた。私も小さいころ、スパイクを持った父に会場までついていったものだ。父の走りは後半が見事だった。前半は他の選手と肩を並べていて、50メートル過ぎあたりから加速し、一気に駆け抜ける戦法だ。当時40代の教師の県記録を長年維持していたようだ。母は専業主婦で子供の面倒を見ながら、ブドウづくりを祖父とともに担っていた。広大なブドウ園を所有していて、とても家族だけでは無理で、常駐の数人の働き手がいた。その他女中が一人いて細々とした仕事は母親の指示でこなしていた。今でも旧宅には女中部屋が残されている。

父親は車やバイクが好きで、私もよく父のバイクに乗せられ、時々学校の宿直室に泊まった。夜中に校内を見回るのが日課だということで後をついていったことがあるが、まさに怪談話さながら、恐怖でぞっとしたことが記憶にある。母親は穏やかな性格で皆から好かれ、地元の婦人会の会長を何度も経験したり、また当時の山梨県知事の奥様と親しかった。父が40代で小学校の校長になれたのも、たぶん母のおかげだろう。当時ブドウ栽培と同時に「観光ブドウ園」を経営したこともあるが、ブドウ狩り目当てに来園した大勢の観光客相手にうまく立ち回り、相当な収入を上げたこともあった。当然忙しい時期には数人のアルバイトを頼むことになるが、母親は人の扱いがうまく、まさに小さな企業の経営者並みの手腕を発揮していたように思う。

実はその母親が52歳の若さで天国に召されてしまった。「乳ガン」だった。がんと判明したのは、兄が大学2年、私は東京で浪人中、妹は高二の時だった。特に感じやすい年ごろの妹のショックは大きく、妹を精神的にしっかりケアするとともに、現代の最高医学の治療を受けさせたいと考えた。手術は成功し一時は今まで通りの生活に戻ったが、2年も経たないうちに再発し、帰らぬ人になってしまった。妹をはじめ家族の衝撃は大きく、私も一緒に死んでも構わないほどの心境だった。

私たち兄弟3人は仲が良く、今でも交流が絶えないが、母が闘病中にも関わらず、当時10代の妹は性格が明るく、妹の笑顔に兄2人が精神的に大いに助けられたものだ。また母が妹に教え込んだ数々のしつけは今でもしっかり受け継がれ、妹はまたその娘に教え込むという連鎖があり、亡くなった母親もきっと満足しているに違いない。

思えば母親は大らかで気持ちの大きな人だった。例えば私が高校受験時に、これからの男は生きてゆくために広い心を持てとのことで、日本中、あるいは海外も含め、自分の行きたい高校ならどこでも行きなさい、と言われたことがある。

　また浪人までして結局は地元の大学に通う羽目になった私に対して、父は私を責めたが、母は私を必死にかばい、むしろ大学を卒業してからのことを心配してくれていた。

放浪の旅

　私は母親の死と、志望する大学に入れなかったこともあり、学生の時に大きなリュックを担いで全国へ放浪した経験がある。当時「カニ族」と呼ばれ、横長のリュックを背負った若者が全国に見られたものだ。私もその一人だったが、鉄道やバスを利用しての旅だった。宿泊先は地方の民宿かユースホステルで、すべて一人だった。北海道、東北、北陸、京都、広島、熊本などを旅した。

　ここで得たものは大きかったと思う。まずはコミュニケーション力。何かに行き詰まったら自ら行動を起こし、目的を達成するために何をしなければならないかを学んだ。快く対応してくれる人もいれば、迷惑そうな顔つきで敬遠されることもある。ただ昔はのんびりした時代で、今ほど警戒されることはほとんどなかった。

北海道の苫小牧では、何気なく道を尋ねたところ、地元の若い男性2人組が車で来ていて、2時間ほどかけて近隣を観光案内してくれた。また知床半島の山小屋では、電気がなくランプの下で「熊の肉」を振舞ってくれたが、とても臭くて食べられなかったこと。また福井の越前海岸の民宿で、取り立ての寒ブリを目の前でさばいてくれたこと。さらに阿蘇山で道に迷い、たまたま通りかかった地元の住人に運よく助けられたことなど、一人旅を通じて、人が生きて行くためにはいかに他人に支えられているかを身をもって体験し、今では私の一生の財産になっている。

就職

父や祖父からは、私の就職先は公務員がいい、と幾度となく説得されたが、公務員は決まりきった仕事を淡々とこなすイメージがあり、当初から民間企業を就職先に決めていた。

大学院の選考は応用化学だったので、化学会社をターゲットに活動していたが、なかなか思うような就職先が見つからず就職担当の教授に相談したところ、あまり専攻にこだわらずもっと大きな目で考えたらどうかとのヒントをもらい、もっと広い産業分野まで対象を広げ、就職活動に精をだした。

筆記試験と数度の面接を経て無事就職先が決まった。東京都下に本社を構える老舗の工業計器メーカーで、国内はもとより世界にもいくつかの拠点を持つ㈱横河電機製作所だった。

Y社は業界ではもっぱら管理が厳しいとのことだったが、その反面給与が高いことでも知られており、就職先としては申し分ないと考えた。入社してから初めてわかったことだが、わが大学の卒業生が経営幹部に何人もいて、心強く思ったものだ。当初配属された部門は研究用設備を分析する装置の開発部門だった。大学の専攻が化学出身だったので、それを買われてのことだった。

ところが2年足らずで、ソフトウエア開発部門に移動が下される。というのはちょうどその時期に、Y社のメイン製品がいわゆるプラントを制御する機器にシフトし、その方面の人材が大幅に不足していたからである。

私はそれまでソフトウエアの開発経験もないし、なぜ私が選ばれたかはよくわからないが、もともと私はひとつのことにこだわる性格ではないので、それを見抜かれたかもしれない。ソフトウエアの開発を担当してわかったことだが、コンピュータ言語を扱う仕事は、それに没頭し始めるとあっという間に時間が過ぎてしまうことだ。朝から仕事に取り掛かり、昼食を食べたと思ったらあっという間に帰りの時刻になり、気がついた時にはもう終電を過ぎてしまったなんてことはよくあったものだ。当時結婚したばかりだったが、よく朝帰りをしたものだった。

もっとも朝帰りといえば、仕事ばかりではなかった。上司や同僚に当時麻雀が好きな連中が数多くいて、週末は麻雀を楽しんだものだ。こちらも始めたと思ったらあっという間に夜中になり、その後朝を迎えたなんてことは数えきれないほどあった。私はたばこは吸わなかったがお酒は好きで、今思えば不健康な生活を何年も続けたものだった。

プラント制御の重要性

私の担当したソフトウエアは、世の中の様々なプラントを制御する脳みそのようなもので、一歩間違えるとメーカーの生産に大きく影響する。そのためには、出荷前の厳重なチェックはもちろんのこと、顧客先での実際のプラントの運転立ち合いなど、それなりに気を遣う重要な仕事だった。

各種プラントの制御は、温度、圧力、流量などが極めて重要な要素だが、それらの数値が安定的に維持されるまで、客先担当者と試行錯誤を重ねながら行う地味な作業である。また何らかの原因で設定値を逸脱してしまった時の緊急事態の対応テストも同時に行い、はじめて正規のプラント運転のスタートとなる。Y社はこの分野では日本でトップであり、世界でも3本の指に入る制御メーカーだった。

実は私が入社当時、社長が我が大学の先輩だったこともあり、たまたまその時に開催された同窓会が山梨の石和温泉であった。旅館の風呂で、新人の私があいさつ代わりに社長の背中を流した思い出がある。その時に発した社長の一言が今でも脳裏に焼き付いている。「お前が甲州の山猿か」だった。

実はこの言葉は、世の中で活躍している甲州人を誉め讃えるのによく使われていて、この一言に感激したものだった。

社長はもともと山梨県人ではなく東京出身の人で、その後数年して社長を譲られたが、今でもあの時の後輩を思う人柄は忘れてはいない。

第2章

プラントエンジニアリング

会社合併

私が入社したころのY社は業績好調で、なんと年間のボーナスを10か月も出す超優良企業だった。大正時代に創業されたこの会社は、軍需産業の恩恵も受けながら業績を伸ばし、工業計器・プロセス制御の分野ではダントツのメーカーだった。東京武蔵野市に本社を構え、全国はもちろん、海外にも多くの拠点を持つ一大メーカーだった。当時従業員は３５００人程度で、社員への福利厚生は充実し、昇進制度も学歴に関係なく実力主義を誇っていた。当時私の所属していた事業分野でも、高卒の管理職が少なからずいて、それなりのリーダーシップを発揮していた。

この会社の伝統的な考えとして、会社で得た利益はすべて従業員へ還元するというのがあり、それが高額なボーナス支給につながっていた。当時商社や銀行を除いたいわゆるメーカーの分野で、年収が日本一になり、週刊誌で報じられた超優良企業だった。

そのようなときに思わぬ異変が起きる。

私はいつもと変わらず出勤前にテレビを見ていた時だった。なんとテロップに「Y社とH社合併」の文字が流れたのだ。私をはじめ全社員がこのニュースで仰天したに違いない。

その後出勤し席に着いてまもなく館内放送が流れ、社長から合併の主旨が説明された。なんと本件は数年前から模索が始まり、今日の発表までまったく極秘に進められていたという。

主旨はこうだ。

合併当事者のH社（北辰電機製作所）は、2000人を超える社員を抱える同じ業界で3位の位置づけだった。Y社のライバルでもあったわけだが最近の業績が伸び悩み、某大手メーカーの傘下に入ることを模索していたようだった。もしこれが実現すると、Y社は業界トップの座を譲ることにもなり、先行き不安を案じた社長は、それを阻止すべく素早い行動に出たのが今回の合併の主旨だった。

これを聞いた私を含めたすべてのY社員は、その時おそらく同じ考えだったと思う。会社は順調なのにいまさらどうして低迷しているH社を抱え込む必要があるのか、合併した社員同士がこの先うまくやっていけるのか、今までの給与は保証されるのだろうか、2社で全国に展開している拠点の統廃合は、福利厚生はどうなるかなど……。合併のニュースが報じられて、社内が大混乱になったのは今でもはっきり覚えている。

問題噴出

合併2社が今までライバル関係にあったことから、問題噴出。同じ業務であれば効率を考え人員削減の対象になる。この場合削減の対象は誰にするかだ。

合併は表面上対等合併だった。新しい社名はY社、H社双方の名前が含まれていた。これはH社の社員に配慮しての策だったが、実態はY社がH社を吸収合併したのは明らかだった。ということから、削減の対象はH社の社員に向けられた。しかし単純には行かない。同じ業務といえども、今までの仕事の進め方は双方まったく一緒ではない。Y社よりもH社の方が効率の良い優れたやり方だったということも十分あり得る。

また当該業務に関わってきた社員の能力も単純には比較できない。

あれこれ考えるときりがないが、全体としてはY社の社員の方がH社よりも優遇されたのは明らかだった。例えば役員の数にしても、当初は対等ということもあり、両社役員を合算した数だったが、半年も経たないうちにH社の90％の役員は降格されてしまった。また日常の仕事の進め方にしても、あいつはY社なのかH社なのかがすぐ話題になり、お互いに疑心暗鬼になって仕事がスムーズに進まないこともしばしばあったのだ。

合併から2年が経過したところで、社名からH社の文字が外された。まさにY社のH社に対する吸収合併を象徴するできごとだったが、このころからH社員の退職が目立つようになり、合併時は双方合わせて6500人近くいた従業員もあっという間に5000人を割り込んでしまった。

Y社員の気持ちも合併時から穏やかではなかった。合併前までは会社の業績は申し分なく、給与も世間水準を大幅に上回っていただけに、いわゆるH社というお荷物を背負いこむことにより、今までの給与はどうなるかが一番関心事だった。案の定賃上げはなされたものの、従来の1／3以下で社員からはかなりの不満が出ていた。

今では企業の吸収合併など日常茶飯事だが、当時としてはこれだけの大手企業の合併は珍しく、話題に上がったものだ。生まれも、育ちも、考え方も、元々異なる人間を、融合させることがいかに大変かを、この合併を通じて体得したことが、その後の人生の生き方に大いに役立っている。過去の経歴ではなく最終的には人間性であり、私は今なお数人のH社の人と良好な関係が続いている。

一言が命取り

事件が起きたのは、ある会議の時だったと記憶している。当時私は平社員。相手は一回りほど年上の係長だった。当時からこの係長は一癖も二癖もある人物だった。私がひとつの提案をしたときだった。係長が当初からその提案を却下することばかりまくしたてるので、私から「実践してみないことにはわからないでしょう」との一言が後々問題視されることに。

親しくしていた別の係長から「先日の君の発言がリーダー会議で話題に上っている」と耳打ちされたのだ。

当時Y社には、さまざまな面で古い体質が残っていた。その一つが本件にあたる。私の発言が上司を無視していると思われたからだ。

その後私は彼を敬遠するようになり、益々関係が悪化していった。

ある時出張後の精算処理で、こちらのささいな記載ミスに対して、目の前で用紙を投げつけられたこともあった。戦後の高度経済成長時代とともに歩んできたY社は、上司に逆らう若者は冷や飯を食わされて当然だという風潮が残っていた。

今では信じられないことだが、当時の大手企業にはこのような考えが蔓延していた時代でもあったのだ。

エンジニアリング部門

Y社の主力製品は、各種プラントの運転を適切にコントロールする制御機器の開発・販売・運転サポートだった。

プラントはあらゆる産業にあり、主に自動生産を担う制御システムのことだ。水、鉄、油、紙、食品、原子力などに関わるあらゆる製品を効率よく生産するためには、プラントがなければ話にならない。例えば原油を東南アジアから輸入し、原油からガソリン、灯油、軽油、重油、LPガスなどを精製するためには、工業地帯に製油所があり、そこには精製プラントが作られている。また木材から紙を製造するためには、木材をチップにした後、それを蒸解して紙の原料を製造し、紙プラントを稼働しながら紙を製造しているのだ。それらの各種プラントを自動的に運転するための装置や制御機器を販売・据え付けし、当該プラントが正常に稼働するまでの一連の作業が、Y社が提供する「エンジニアリング作業」というわけだ。その「脳みそ」ともいえるソフトウエアの開発部門から、それを現場で稼働するエンジニアリング部門へ移動となったのが入社12年目のことだった。現場のプラントを制御する主力製品を据え付け、顧客の求める製品を自動的に生産できるようにするこのエンジニアリング作業は、私の求めていた職場でもあり、それなりに充実したサラリーマン生活となった。

当時の私は、子供2人に恵まれ、会社からやや遠い郊外の戸建てを購入し、幸せな日々を過ごしていた。

ただこのエンジニアリング部門は、顧客先での作業がほとんどで、しかも数か月かかることもあり、今まで長期間家庭を留守にすることもない生活だったので、自身の気持ちの切り替えはもちろん、家族の協力もそれなりに求められた。

製紙会社

初めてのエンジニアリング作業の対象が製紙会社だった。

実際にY社製造の制御機器がどこにどのように設置され、どのような役割を担っているのかをこの目で確認したり、また中央制御室で全体のプラント運転状況がどのように監視されているかも初めての経験であり、あらためて制御機器の重要性を実感した瞬間でもあった。

私は小さいころから、何ごとも現場で体験して初めてものになるという考えが強く、このことが前述の上司との行き違いに発展してしまったのだろう。

この製紙会社は、日本でも指折りの大きな会社で、静岡県富士市に大きな工場を持っていた。正式なプラントの稼働まで約半年ほど富士市に住むことになるわけだが、当初この街に着いたときの印象は、「臭い」の一言だった。紙の原料となる木材チップを高温・高圧の窯（蒸解窯）に入れ、薬品を入れて繊維をほぐすときにこの匂いが発生する。当初慣れないとやや不快感があるが、そのうち慣れてくると全く気にならなくなるから不思議なものだ。人間は匂いに敏感な半面、それなりに対応力があることも実感した。

エンジニアリングで一番重要なことは、客先が適切なプラント運転を通じて、顧客の求める製品を納期通りにいかにスムーズに製造できるかに集約される。そのためには正常運転ができるまでの段取りが重要だ。プラント設備の試運転を何度も繰り返し、さまざまな不具合を解消しながら一歩一歩正常運転に近づけて行く必要があるのだ。

例えば紙のプラントであれば、わずかな水分量の差で紙の質がまったく違ってしまう。また最後の仕上げの乾燥温度や時間なども極めて重要だ。これらの微妙な違いで製品の質が決まってしまうからだ。そのためにはいくつかの制御値を数値化して、それらを客観的な判断の基に設定することが欠かせない。ただし数値で判断するだけでは危険だ。紙の質は数値以外の皮膚感覚にも微妙に左右されてしまう。つまりプラントのコントロールは数値化された理論値と今までの経験値を組み合わせた、総合的な判断能力が必要とされるのだ。

長期の滞在に備え、宿舎としてはやや高台に位置する、海と富士山がはっきり見えるホテルを確保した。学生時代から一人の生活は慣れていたので、久しぶりに独身時代に戻ったような気分だった。

客先までの通勤にはレンタカーを借り、車でわずか5～6分の距離だった。ホテルには共同風呂もあり、そこの窓からは海が見える最高のロケーションだった。偶然風呂で一緒になった人と雑談したところ、私と同じ長期出張で滞在しているとのことで、思わず話が弾んだものだ。

ここ富士市は伊豆半島の付け根にあり、回りには観光地が目白押しで、休日にはレンタカーで、伊豆半島巡りをよくやったものだ。自宅にも山梨経由で帰れるルートもあったが、せっかくの機会でもあり、伊豆半島の方を優先した。

伊豆といえば、たまたま下田出身の大学同期生がいたので連絡したところ、休日にも関わらず快く下田の街を案内してくれた。

食品工場

各種食品を製造するプラントのエンジニアリングもY社のテリトリーだ。私が担当させられたのはビール工場だった。場所は京都市郊外にあり、もともと酒好きだったこともあって、行く前からわくわくしたものだ。当該プラントは新設ではなく既存のプラントを改修する案件だった。つまり現状のプラントを生かしながら徐々に新しい設備に切り替えて行くのだ。住宅で言えば改修工事に相当する。

プラントでも住宅でも新設や新築の方がはるかに簡単でやさしいといわれている。まったくその通りで、今回も古い図面を探したが、ロクな図面はなく再調査から始まった。一番の気がかりは現状のプラントを生かしながらの作業だったこと。

例えばビールの貯蔵室に立ち入るときには、氷点下の部屋で作業を行わなければならない。この仕事のスタートはまさに真夏だったこともあり、外と中では気温差が30度以上にもなり、幾度となく体調を崩しかけたときもあった。また京都の夏の気温は高いことで知られていて、余計身に応えたものだ。この難局を乗り越えるためには、寒い中での作業時間をできるだけ短縮することだった。時間が来るとアラームが鳴るタイマーを見につけていたが、もう一息で作業が終わるとなれば、アラームなど関係なく作業を続けてしまうこともしばしばだった。

また週一度のペースで、客先主催で作業の進捗を打ち合わせる工程会議が開催されたが、なかなかその場で決まらずに持ち越されることがしばしばだった。我々業者としては、日程が決まらないとなれば身動きが取れず、当初のスケジュールが大幅にずれ込むことにもなってしまう。

ここでの業者とは、プラントの制御を担うY社、建設工事を請け負う地元のT社、設備を請け負うO社、その他電気空調を請け負うW社など多岐にわたっていて、すべての業者に影響してくる。

実はこのスケジュールの遅れは、客先のリーダーが原因だった。リーダーは現場のことはあまり知らない大卒のエリートだった。後でわかったことだが、このビール会社は地元の京都大学の卒業生が多く、あまり現場を経験させずに、若くしてプロジェクトリーダーに抜擢されるため、現場のことになるとなかなか決断できなかったのだ。迷惑を被るのは我々業者だが、当時はこのようなことが平然と行われていたのだ。

ここでも長期滞在に備え宿舎をいろいろ探したが、このビール会社の工場は京都市街からやや離れた場所にあり、長期滞在にふさわしい宿が見つからず、最終的になんと京都のど真ん中にあるホテルに決まった。二条城に近くてホテルの周りにはお濠があった。ここでもレンタカーを借り、毎日車で通勤した。京都駅を抜け、南に下ると五重の塔で有名な東寺の角を曲がり、大阪方面に向かうと10分足らずで工場に到着できた。

ホテルの部屋にはトイレはあったが風呂はなく、共同風呂に毎日入ったものだ。ただ部屋に備え付けられたエアコンの効きが悪く、夜はしばしば窓を開けて寝たものだった。ホテルへ早く帰れた時は、健康もかねてお堀端を速足で歩いたものだ。

身勝手な工場長

さて、このビール工場のトップである工場長はくせ者ものだった。もともと関西の出身だが、東京の有名大学を出て若くしてこの工場長に上り詰めたらしい。今思えばかなり計算高い人で、世の中はすべて金だという考えで行動していたように思う。

例えばこうだ。毎週金曜日の午後になると、Y社の現場事務所に電話があり、京都の街を案内したいという。私もそれならということで承諾すると、黒塗りのハイヤーが工場の正面玄関に横付けされ、後ろの席に座るのは、工場長と私のみ。

行く先は祇園の花街で、まずは食事。連れて行かれた先は老舗の料亭。店の中に川が流れていて、とても普段気軽に入れる店ではないと直感。食事は松竹梅の３コースがあり、有無も言わさず松コース。それに工場長は私と同じ酒付きでビール、焼酎、ワイン、日本酒など次から次へと飲み放題。

ここで面白いことがあった。まずはビールを頼んだら、たまたま自社工場のビールが在庫切れで、他社のビールが運ばれてきた。それを飲んだ工場長が放った言葉を今でも忘れない。「このビールは当社のビールよりはるかにうまい」と。もちろんその言葉は冗談だと思っているが、表情は真剣そのものだった。その後行きつけのスナックがあるとのことで付き合わされ、最後は締めのラーメンをご馳走したいとのことで、彼が支払ったのはこのラーメン代のみ。

結局は業者を利用してのやりたい放題。その後数回週末になると誘いがあり、そのたびに現場経費をポケットに忍ばせ、顧客対応をしたものだった。とうとう私もその経費が底をつき、ホテル代節約のため、現場事務所に泊まり込んだこともしばしばだった。

実はこの工場長はこれだけではなかった。現場を引き上げた後の精算の件だ。

すべての工事やエンジナリング作業を終え、無事ビールプラントが通常操業へ復帰した後の、工事やエンジニアリング作業につきものの、追加請求代金のことだ。こちらの請求書に対して逐一文句をつけ、ほとんどの項目が却下されてしまったのだ。

電力会社

福島原子力発電プラントの不祥事で、さまざまな電力会社の問題が取り沙汰されているが、私も某電力会社のエンジニアリング作業に携わった関係上、当時起こったことについて検証してみたい。

当該電力会社のプラントは三重県四日市の工業地帯に存在していた。名古屋市から特急で30分足らずの比較的アクセスがよい場所である。ここでの仕事も、新設ではなく既設の制御装置の更新作業だった。つまり既設の電力装置を生かしながらの新設への入れ替えだ。

もし電力が何らかの原因で止まってしまったら、それこそ一大事である。そのためには入念な準備と新設への慎重な切り替え作業が不可欠となる。毎回のことながら、私どものエンジニアリング作業は計装工事が伴う。建築工事のような大げさなものではないが、各種配線工事をイメージしてもらうとわかりやすい。配線工事は大きく分けて電気工事と信号配線工事があるが、私どもの担当は後者である。ところでY社はもともとプラントを運転する制御機器メーカーであり、工事の施工部門を持っているわけではない。ということから全国に分散している拠点傘下の工事業者へ仕事を依頼することになる。今回も名古屋・四日市地方の工事業者の中からK社を選定した。工事履歴書からは、計装工事の実績もあり、この電力会社での工事実績も確認できた。

工事を始めてから2週間ほど経過したころだった。この電力会社の品管部長から私に呼び出しがあった。何ごとかと思い急いで駆けつけると、何となく雲行きが怪しくご機嫌斜めの様子。私の顔を見るなり「お前はいつもどういう管理をやっているんだ」との大きな怒鳴り声。

私は彼が何に腹を立てているかわからなかったが、とにかくここは謝るしかないと思い、平謝り。その後その立腹の理由を恐る恐る尋ねたところ、「お前のところの業者から朝私に対して挨拶がない」とのことだった。

私は大変申し訳ありませんと言い残し部屋を出たが、内心納得が行かなかった。

工事業者すべてに、部長に対して挨拶を強要する必要があるかどうかだった。だいいち部長の顔すら知らない業者がほとんどではないのか。

翌朝の工事業者とのミーティングで、この品管部長の苦情は伝えたが、合点が行かなかった。

もうひとつはこんなことがあった。

毎月末日に「工事月報」を提出していたが、その月報に責任者である私の印鑑が抜けていた指摘だった。もちろん私のサインは記載していた。私は普段から印鑑よりもサインを重要視していたので、この指摘はまったく想定外だった。挙句の果て「始末書」まで書かされたので、いかに電力会社が上から目線で非効率な仕事の進め方だったのかと思った。

実は全国をブロック分けした当時の電力会社の権力は絶大なものだった。少なくとも福島の原子力事故が起きるまでは。当然のことながら、全国の各地に「行政の出先」もあり、それなりの立場だったが、なんと当時の電力会社の出先は、行政の出先に対し「いざというときには電力をストップするからな」と意気込んだそうだから、その権力意識は相当なものだったに違いない。

海外プラント

日本での各種プラントのエンジニアリングが一段落したころ、上司から海外プラントのエンジニアリングプロジェクトがあるが、君はチャレンジしてみるかね？　という打診があった。私はいつかは海外での仕事も経験してみたいと考えていたので、迷いはなかった。

2つの候補先があり、ひとつはアメリカ本土、もうひとつはインドネシアの案件だった。アメリカは電力のプラント、インドネシアは紙のプラントだった。両プラントともすでに国内で経験済みでどちらでもよかったが、先進国で馬鹿にされるよりも、後進国で尊敬される方が仕事がやりやすいと考え、インドネシアの案件を選択した。インドネシアを管轄するY社の拠点はシンガポールにあった。シンガポールは一度は行ってみたい処だったので益々乗る気になったものだ。

シンガポール拠点は、市街地の中心部にあり、数百人を超える現地スタッフが常駐していた。日本から派遣されたマネージャーは数人と少なく、ほとんどがシンガポール人だったが、日本語が堪能な社員も多く、まったく不自由さを感じなかった。シンガポールの魅力は、なんといっても先進国並みの街並みと清潔さだ。名物のマーライオンは「世界三大がっかり」の一つだが、その他地上200メートルのプールから市街地が見下ろせる「サンドスカイパーク」や、日本の高島屋や伊勢丹がある「オーチャード通り」も人気スポットだ。私も地上200メートルのプールから眼下の市街地を見下ろしてみたが、なんとも贅沢な眺めで、今なお強く脳裏に焼き付いている。

当該プラントがあるインドネシアは、世界一多くの島国を持つといわれていて、面積は192万平方キロほどで、日本の約5倍ほどあり、人口も日本の2倍以上ある大国である。その中で、ジャワ島とスマトラ島に多くの人々が住んでいて、近代都市はジャワ島に多く、首都ジャカルタもここにある。

仕事先の当該プラントは、シンガポールから飛行機で1時間余りのスマトラ島にあって、シンガポールからのアクセスはよい。

スマトラ島

シンガポール空港は正式にはチャンギ国際空港と呼ばれている。もともとは英国の軍用基地だったが、今や東南アジアのハブ空港として活用され、世界の多くの人々が利用している。その空港から飛び立つことおよそ1時間余り、インドネシアのスマトラ島にある国際空港のペカンバルー空港に到着した。国際空港と言っても名ばかりで、日本でいえば小さな地方空港レベルだった。

今回も私一人の単独行であり、手荷物を受け取り、待合室に向かうと「ＨＡＧＩＷＡＲＡ」の文字が書かれた大きなボードが目に入った。出迎えてくれたのが、現地プラントのインドネシア人スタッフ2人で、英語はほとんど通じず、現地語はこちらがちんぷんかんぷんで、お互い身振り手振りで向こうが用意した大型のジープに乗り込んだ。今後現地で過ごすことになる、外人用の宿舎に連れて行ってくれるらしい。すでに夕方で薄暗かったが、ジープは空港から徐々に林の中に入って行く。林というよりまるで熱帯地方のジャングルに近い。さらに驚かされたのは、時々ジープが路面に敷かれた油で横滑りし、生きた心地はしなかった。幸い対向車はほとんどなく、衝突は避けられたが。

このジャングルに近い山道を時々スリップしながら進んで行くわけだが、途中でいくつかの部落を通過した。驚いたことにほぼ全裸に近い原住民らしき人がいて、まさに古代にタイムスリップしたような感覚に襲われた。

現地宿舎

山道に入ってから2時間あまり、目的地である外人用宿舎に到着した。入口にはゲートがあり、門番もいて、外部からの訪問者は正当な理由がない限り、立ち入りできなくなっていた。入口のところで簡単な手続きを済ませ、中へ入った。白い2棟のアパート風建物があり、それが我々外国人が滞在する宿舎だった。日本でいえば、賃貸用の単身アパートといった感じ。

宿舎の近くには25メートルプールや簡易な売店も用意されていた。周りは緑のジャングルで、建物も新築されたとのことだったが、何となく古臭い感じがした。部屋の鍵を借り、中に入ってみた。広くはなく、ベッド、机、それに小さな冷蔵庫があり、シャワー室もあった。ジャングル側の窓は常時締め切られていて、開けられないようになっていた。説明では強力な毒をもつ蛇「グリーンスネーク」が窓から侵入するのを防ぐためだという。図体は小さいが、かまれると命の危険があるといわれている猛毒の蛇だ。名前のごとく緑色で、ジャングルの木々に生息しており、葉っぱと見分けがつかず、時々現地人も襲われるとのこと。

あらゆる面で日本とのギャップがありすぎて、仕事先としてアメリカを捨てこちらを選んだことを後悔していた。この外人用の宿舎には、私以外の日本人も数人滞在していた。

中でも今回のプラントの設備を請け負う三菱重工㈱からは10人近くの社員が派遣されていた。その他空調や電気工事など、静岡県、群馬県、新潟県などからも来ていた。当初私も彼らが日本人だとわからず、英語で話しかけたところ流ちょうな日本語で還されたので安心したものだった。

宿舎到着翌日の朝、現地プラント建設の責任者（インドネシア人）が宿舎にいた日本人全員を集め、プラント建設現場を案内してくれた。すでに基礎工事の準備段階でたくさんの重機が稼働中だった。なんとほとんどの重機が日本製の中古で、メーカーの称号が誇らしかった。驚いたのは周辺の木々の多くが、森林伐採の影響を受け立ち枯れていて無残なありさまだった。今から30年ほど前の当時は、今ほど環境問題にはうるさくなく、いわばやりたい放題が当たり前で、国力充実に貢献するプラント建設の方が優先された証でもあったのだ。私が関わる計装工事の業者は現地で調達した。この業者選定にはY社のシンガポール拠点が関係していて、すでに決まっていた。施工担当の現場責任者は英語も日本語もほとんどできず、すべて現地語

（インドネシア語）だったので、私も急遽片言のインドネシア語を頭に入れた。

またこの外国人宿舎には、日本人だけではなく、台湾やフランスからもこのプラント建設に参加していた。特に台湾人スタッフとは顔かたちがよく似ていて親しみやすく、中には日本語が堪能な人もいてすぐ友人となれた。

日常の仕事

日常の仕事は毎朝のツールボックスミーティングがあり、9時スタートだった。各業者が入る仮設事務所は、当時としては意外と豪華で、応接セットや休憩室も設けられ、クーラーや冷蔵庫も設置されていた。また食事は大きな食堂があり、朝、昼、晩ともにそこで提供された。食事は現地のインドネシア料理が中心だったが、私の口に合わずほとんど食べれなかった。

何かの異様な匂いが鼻につき、それが一番の原因だったのかもしれない。その中で唯一口にできたのは、日本でいうチャーハンに近いものだった。もともとチャーハンが好きだったこともあり、味は劣るがとにかく口に入れた。

またこの宿舎周りには野生の蛙がたくさんいて、その鳴き声がうるさいぐらいだったが、ある日その鳴き声が小さくなったと思ったら、なんと食堂の皿の上に料理されていた。

昼休みは12時～14時までの2時間。インドネシアは赤道直下なのでいつも日本の真夏に近く、体力の消耗を考慮すれば当然の休憩タイムだった。

仕事の終了は17時であり、毎日の作業時間は通常の日本よりも1時間ほど短かかった。

一方このようなプロジェクトは、いつも時間通りには終わらないのが常で、最低午後7時ごろまではかかり、残業が常態化していた。また熱帯なので、毎日必ず昼過ぎに「スコール」があった。まさに土砂降りの雨で、時々雷も伴った。20分程度で終わるが、とにかくびしょ濡れになる。スコールの後はさわやかな青空が広がり、また真夏の太陽がギラギラ照りつける毎日だった。

さらに熱低地方は雨季と乾季があり、雨季は天気が思わしくなく、いつもどんよりした気候だった。毎日の作業終了後は、これといった遊び場はなく、25メートルプールによく泳ぎにいったものだ。いつもプールには人影はなく、すごいきれいな水で心地よかった。私は毎日のように出かけていたが、たまにフランス人が泳ぎに来ることもあり、お互いに片言の英語でコミュニケーションを図ったものだ。

生活状況

近くに小さな売店もあり、飲み物が欲しくなった時などはよく利用したものだ。売店での買いものは決まっていた。そう「缶ビール」だ。ここでは国産のビンタンビールが一人勝ちで、それしか置かれていなかった。味は悪くなかったが甘口だったように思う。私は毎日3本以上は購入し、自室の小さな冷蔵庫に収納した。その他ミネラルウオーターも貴重な飲み物だったが、ある時その中に虫のようなものが浮いていて、それ以後あまり買わなくなった。

結局私の現地での食生活はとても褒められたものではなくなっていたが、気を利かした家内が、3ケ月も経たないうちに日本から食料を送ってくれた。即席の味噌汁、ノリ、餅、醤油などだった。餅は大量にあり、小さな電気コンロで焼いて食べた。その美味しさにすごく感激し、ほぼ毎日餅は欠かさず食べたものだ。というわけで、朝、昼は現地の食堂でとり、夜は宿舎の部屋で毎日ビール片手に餅を食べ、味噌汁で締めていた感じだった。

その他日本との連絡手段だが、当時携帯やパソコンがあるわけではなく、手紙か電話によるしかなかった。電話といっても、客先の事務所に電話が数台置かれていて、交換手経由で外部との情報交換がかろうじてできる程度だった。しかも現地はスマトラ島内の奥深いジャングルの中で、とても通信状況が良いとはいえず、しばしば音声は途切れてしまう劣悪な環境下だった。

部屋にはエアコンはなく、ジャングルの木々が宿舎を覆っていたせいか、意外と暑さは感じなかった。仕事を終え部屋に戻ると、時々机の上にサソリがいたり、天井には数匹の大きなヤモリが張り付いていた。ヤモリの鳴き声を初めて耳にした。「クワックワッ」という表現が当たっているかもしれない。これではとても落ち着いて寝られないと思い、会社に頼んで急遽「蚊帳」を送ってもらった。

ところがこの蚊帳も形だけで、ヤモリは蚊帳の隙間からベッドに侵入してくる始末。また風呂はなくシャワーだけだったが、このシャワーもくせ者だった。蛇口をひねると、何と濁った水が噴き出したりして、大慌てでいつものプールに逃げ込んだりしたものだ。

その他日本の家族への連絡手段も手紙だけだった。当時子供2人は、幼稚園とその下だった。幼い子供の近況報告と幼児が書いた絵が同封されていて、身近に父親がいてやれないことが残念だった。

今なら「ライン通話」で世界中どこにいても、そこにいるような感覚で会話ができてしまうので、ここ数十年の通信技術の進歩の生活への貢献度は、計り知れないものがある。

普段の日はプラント建設現場と宿舎の往復だけで単調な生活だ。外人の宿舎といっても国が違うと会話もスムーズにできない状況なので、普段はなかなかコミュニケーションの場が少なかった。しかしながら同じ日本人仲間や、日本語がかなりできる台湾人とは気が合い、時々台湾人の宿舎でパーティを開催したりしたものだ。この場合は例の食堂でパーティ用のご馳走を注文でき、また各々が手元にある食料を持ち寄り盛大に行われた。台湾の紹興酒も美味しかった。

週末の楽しみ

週末はいつも楽しみだった。普段は山奥のジャングルの中にいるので、どうしても街中に出たいというのが現地で働いている人々の願いだった。それを知ってか現地の顧客が、街中行きの交通手段を用意してくれた。交通手段といっても20人程度の乗り合いバスで、それを利用して街中へ遊びに出かけたものだ。

街中といっても大きな都市があるわけではなく、私どもが通ったのは当初の国際空港があるペカンバルー市だった。人工は30万程度で、大きな高層ビルがあるわけではなく、いろいろな店があるだけで日本で言えば10万にも満たない田舎の街そのものだった。

その街で楽しみだったのは、2軒ほどあるエアコンが利いた店だった。そのうち1軒は中国系のマスターが経営している中華料理のレストランだった。ここではエアコンの下で、冷えたおいしいビールを飲みながら、普段なかなか口にできない大好きなチャーハンや焼きそば、それに餃子などが食べられ、最高のひと時を過ごしたものだ。

そんな最中このようなことがあった。ほろ酔い気分でレストランを出て、帰りの時刻にはまだ時間があったので、一人で街中を散歩していた時だった。バイクに乗った2人組の男が突然近づいてきて、私が背負っていたリュックサックをわしづかみにしてそのまま逃走しようとしたのだ。いわゆる「ひったくり」だ。私は必死にサックを引き寄せ、かろうじて奪われずに済んだ。多少酔ってはいたが、いざというときには人間力が出るものだと思った。

というわけで、毎週末にこの街に下りてくるのが唯一の楽しみだった。

さてこのインドネシアの島は、スマトラ島と呼ばれているがごとく、世界で一番「野生の虎」が生息しているので有名だった。聞いただけでもぞっとする話だが、まさにそれを象徴する出来事があったのだ。現地のインドネシア人から、虎が人間を襲った跡があるとのことで、その現場に連れて行ってもらったことがあった。

なんとそこには、若い女性の上半身が食いちぎられた死体が転がっていたのだ。

私はとっさに目を覆わざるを得ない光景だったが、この現代においてこのような光景に遭遇するとは思いもよらなかった。

もう一つは「ワニ」だ。動物園の話かと思いきや、近くの大きな川にワニが生息しているという。こちらも現地人に案内されて、実際の現場に行ってみた。待つこと数十分。動物園で見るより大きなワニが目の前で頭をもたげ、グーという雄叫びを挙げていた。

プラント建設の現場

基礎工事も終わり、上物もかなりできてきたところで、設備の搬入が始まった。まずは紙を漉くプロセスに関係する大型設備を搬入するところから始まったが、これらの担当はM社だった。実はこれら大型の設備の搬入が数か月も遅れていて、全体の工程に大きく影響していた。私どもの計装工事はいつもプラント建設のかなり後半であり、いつもしわ寄せを受ける立場だった。当初から正式なプラント運転のスタート日は決められていて、そのために各種関連業者による工程会議が定期的に開催されていた。Y社もM社と同じ「元請」ながら、当初の受注金額が一桁違うM社に、あらゆる面で負けてしまうのが実態である。ということから、2か月遅れのしわ寄せをどうにかして取り戻すべく、当初の工程の見直し作業を行わざるを得なかった。

そのような折に、つぎのようなことが起こったのだ。

現地には日本から定期的に援助物資が送られてくる。食料品が主だが、その他衣料、胃腸薬、風邪薬なども含まれている。私は一人だったので小さな段ボール一つだったが、M社は10人近く来ていたのでいつも相当な量だった。ある時M社の担当者から日本からの荷物が届いたので見に来ないかとの連絡があり駆けつけたところ、私の前でひとつひとつ確認作業を行うだけで、いっさい「おすそ分け」はなかった。M社の工程のしわ寄せをこちらへ押し付けていることを承知していながら、日本からの贈り物の自慢げな紹介には、普段冷静な私でもこの件では腹立たしかったことを今でも覚えている。海外でよく日本人同士でトラブルになったりすることがあるが、今回もその一例だ。

1年ぶりの帰国

現地に乗り込んで一年経過したところで、帰国が許された。行きと同様、シンガポールの拠点で簡単に現状のプロジェクトの進捗状況を説明し、帰国の途に着いた。たった一年足らずの帰国だったが、なぜか日本という国がすごく懐かしく感じられた。自宅から遠距離ということもあって、成田空港には家族の出迎えはなかった。自宅へ着いた途端、子供を抱きしめようとしたが、なぜか子供2人は私をどこかのおじさんだと思ったのか、素直に寄り付かなかった。それもそのはず、帰国時には私は10キロ近くも痩せていたからだ。もともとやせ型だったので、余計痩せて見えたらしく、家内に「何かのがん」ではないかと勘ぐられたほどだ。正月休みも兼ねての10日ほどの帰国だったが、おせち料理をはじめ日本食はしばらく口にしていなかったので、あらためて日本食の良さを十分堪能した。息子2人は成長し、下の子ももうすぐ幼稚園児になるところだった。

楽しい時間はあっという間に過ぎ、明日またインドネシアに旅経つ日になった。当初なつかずに私を敬遠していた息子たちも、四六時中まつわりつくようになり、自宅を出るときには、2人とも大声で泣き叫んでいた。

朝一番Y社に顔を出し上司に簡単に経過報告したのちに、成田をまた後にした。私の場合はプロジェクトが終了次第帰国すると初めから決まっているので、その間だけ現地を楽しもうという気持ちが強かった。

再度の現地出張

当初のスケジュールがM社の遅れで後ろへずれ込んでいたが、それを取り返すべく今後の段取りを再設定した。重要なポイントはいくつかあった。まずは工事段階の制御装置の据え付けと配線だ。例えば今回の紙を製造するプラントに欠かせない水の供給だ。そのためにはそれをコントロールする制御弁が必要となる。その制御弁をどこに据え付けるかの場所の位置や、その弁を制御する配線ルートの設定だ。配線ルートもその後のメンテナンスを考慮しながら慎重に決定する必要がある。安易に決めたために、何かの不具合が生じた時メンテナンスできないようなルートだったら計装工事として話にならない。

その後は当該プラントを正常に運転できるまで、試運転を繰り返し、問題なく運転ができるまで顧客をサポートすることだ。紙は用途により、新聞紙、教科書、広報誌、雑誌、広告用チラシなど多岐にわたる。各々の用途に応じて原料から製品ができるまで、さまざまな配合、温度、湿度、水量、抄紙速度などが適切にコントロールされて初めて目的の製品ができあがる。そのためには各々のコントロール数値が目の前で直感的に把握でき、何かのトラブルが発生した時に迅速に対応できるよう、担当するオペレータに教え込む必要があるのだ。

もっともその前に、電気、ガス、水、エアーなど基本的なユーティリティが正常に供給され、初めて当該プラントが運転できるのだが。

自然破壊

もともとこの紙プラントの建設自体、自然破壊そのものだった。今から30年ほど前は、環境問題についてはどうるさくなかったのであまり問題にならなかったが、今思えば、環境問題に逆行する内容ばかりだ。例えばプラントを自然豊かなジャングルの中に建設すること自体、大きな環境破壊を伴う。自然の木々の大量伐採、そこに至るまでの道路の確保、さらに建設やその後の運転に必要な、電気、水、ガスなどのライフラインの供給など、多くの自然破壊を伴うだろう。

またプラント建設に伴い発生する水や電力などの大量のエネルギー消費、それに多くの産業廃棄物の処理など、当時はほとんど関心を持っていなかったのが正直な気持ちである。あらためて当時を振り返ると、確かにプラントは正常に稼働したが、工場周りの木々はかなり枯れていて、また工場から出る排水もほぼ垂れ流し状況だったと思われる。

当時は新しいプラント建設でインドネシア国の産業発展に貢献したと考えていたが、今思うと、自然破壊の最前線にいたことにもなり、当時と今のギャップを深刻に受けとめてしまう。

突然の連絡

現地の紙プラントの試運転が始まりかけ、現地に来てから1年10か月が経過したころだった。当日は雨季で朝からしとしとと降り続いていた。そんな折に顧客の事務所から私に電話があり、相手は本社の上司とのことだった。連絡したいことがあるので、あとで電話が欲しいという。普段はほとんど連絡がなかったので、何ごとかと思い事務所へ急いだ。当時の連絡手段は電話と手紙だけだったので、電話ということは何かの緊急事態ではないかと考えた。事務所には女性のインドネシア人の電話交換手が3人ほど配置され、外部とのやり取りを仕切っていた。

何度も説明するが、現地はジャングルの中にあり、通信状態は極めて悪かった。事務所の椅子に座り、日本との電話がつながるかどうかしばらく待たされたが、一向につながらない。いったん現場へ引き返そうかと思ったが、事務所とやや距離があるので、とにかく待とうと決めた。待つこと2時間ほど経過した時だった。やっと日本とつながったというので電話口に出た。本社の上司からだった。こちらの現状を聞きもせず、君はいつ頃帰国できるか、それさえ確認できればよいとのことだった。もしお急ぎなら1か月以内には帰国できますと返答した。このまま電話を切ろうとしたが、とりあえず帰国を急ぐ理由だけでも聞いておこうと思い、尋ねてみた。

急に通信状況が悪くなり、何を言っているかさっぱりわからなかったが、「アイエスオー」という単語だけは耳に残った。そのまま電話は切れてしまったが、その後、あまり聞きなれないこの言葉はすっかり忘れていた。

突然の電話から1週間ほど経過したころ、1通の手紙が届いた。上司からだった。

そこには次のような内容が記載されていた。要約すると「オランダの拠点から1通のファクスが本社に届き、これからの製品の欧州での販売は、国際規格であるISOを取得していないと販売できくなる。ついては当社も国際規格の取得に取り組むことがすでに決定され、その事務局に君が選定された。ついては、現地の仕事をできるだけ早く切り上げ帰国してほしい」との内容だった。

あの時の電話のアイエスオーという単語は国際規格のことかと、この手紙で初めて知ったのである。

当初の遅れを取り戻し、この時点でプラントの試運転は予定通り進んでいて、12月初旬の正式運転はほぼ間違いない段階まで来ていた。すでに大型設備を担当したM社のスタッフも一人を残して帰国していた。とにかく私は帰国を急がされていたこともあり、「火入れ式」はシンガポール拠点のプロジェクトリーダーに事情を説明し、交代してもらった。

実は日本に帰る前に、この国にめったに来れないことを考え、どうしても寄り道をしたいところかあったからだ。

ジャカルタと温泉

インドネシアといえば、なんといっても首都ジャカルタだ。この街をスルーして帰るわけにはいかない。

行ってみると、やはり予想通り大都市だった。林立する高層ビル、高速道路、整然とした街並み、それになんと人が多いことか。さらにバイクの多さ。尋常ではない。老若男女誰でも乗っているではないか。

ひしめく車の間をすり抜けて平然と前へ進むバイクの運転技術。日本では間違いなく交通違反なのに取り締まりなし。暗黙の了解なのか、取り締まる警察官が不足しているのか。

とにかくお構いなしだ。

ただ、ちょっと脇道を入ると、まだたくさんのスラム街がある。破れた服を着て残飯をあさる人々も少なくない。つまり急激な近代化の途上国なのだとわかる。日本もかって同じような経過をたどったに違いない。

私は歴史建造物を写真に納めたいと考えていたので、あらかじめ予定していた「ジャカルタ大聖堂」「国立博物館」「独立記念碑（モナス）」などを、写真に収めた。独立記念碑には、なんと日本から独立した1945年8月15日の記載があり、なんとも複雑な気持にかられた。

そういえばジャカルタの食堂でのこと。たまたま私は、「仕事で日本から来ました」と食堂のマスターに自己紹介した途端、年配の彼からいきなり「天皇陛下万歳」という言葉が発せられたのには驚いた。

そのくらい日本人に対して親しみなのか、憎しみなのかの感情を持っていたのだろう。

もうひとつの観光は温泉だ。赤道直下のインドネシアに温泉があるなんて驚きだが、実はこの国は日本と同じ火山国なのだ。２０００メートル級の火山がいくつかあり、今なお噴煙を吐き出している火山もあった。帰国前にどうしてもカメラに納めたくて鉄道で移動した。日本でいえば特急相当だったが、何しろ速度が遅くなかなか目的地までたどり着けない。結局10時間ほどかかりやっと到着。安ホテルに宿泊し、翌朝一番で山を登り目的のシキダン温泉へ。噴煙が上がり、まさに箱根の温泉にそっくり。高い所は、肌寒く思わずセーターを羽織ったほどだった。

というわけで帰国時に多少寄り道をしたが、約2年の任務を終え日本に戻った。

第3章

早期退職に至るまで

ISO事務局

長期のプロジェクトによる出張の場合は、「出張報告会」が義務付けられている。私もその対象なので、さまざまな資料を収集整理し、報告会を行った。この報告会は主に経営幹部を対象に実施しているが、一番の関心事は収益の決算状況だ。

海外の場合は、為替レートが違うので単純には比較できないが、最終的に今回のプロジェクトにかなり貢献したとの評価だった。また顧客からは、今回の新設プラントについては早くもファックスにて「御礼のメッセージ」が届いており、私にとっても初めての海外経験で、大きな責務を果たせた満足感でいっぱいだった。

それはさておき、新たに私に課せられた任務は、国際規格ISOの早急な認証取得だ。アイエスオーという全く知らない国際規格をどうやって早期に導入できるかだ。

すでに私が帰国する前に、ISO認証取得プロジェクトチームなるものが発足していて、そのリーダーが私だった。チームはずばり「ISO課」と名付けられ、チーム員は若手を中心に、私を含め8人だった。

まずは国際規格とは何かから学習が始まった。当時はパソコンは出始めのころで、インターネットもほとんど普及していなかったので、大きな書店に参考となる書籍や雑誌を、チーム員全員で買いに出かけた。

案の定都内の大手書店をすべて回って探したが見つからず、唯一入手できたのが国際的な品質保証を取り決める技術委員会TC176が発行している英文の冊子だった。その所々にISO Requirementの文字があり、おそらくこれがISO要求事項ではないかと直感した。

というわけで、この英文を辞書を片手にチーム員が手分けして翻訳する作業からスタートした。その後チーム員が時々会議室で各々の進捗状況を説明するのだが、英文の言い回しがさっぱりわからない箇所が続出し、頭を抱えてしまったものだ。そのような折に、日本規格協会からISO9000シリーズが発行されたのはまさに渡りに船だった。一瞬喜んだもののまだ英文のみで、日本語翻訳版は2〜3か月遅れだった。

システム構築に四苦八苦

とにかく正式な国際規格の英文版をまずは購入。中味を調べたところ、すでに持っているTC176発行のものと瓜二つ。結局ISO9000シリーズの基はこれだと判明した。

ところで当初のISO9000はシリーズと呼ばれているごとく、ISO9001，ISO9002，ISO9003の3つがあり、9001はフルスペック、9002は設計を除いたもの、９００３は主に製造部門だけという違いがあった。当社はもちろんフルスペックで行くことになるわけだが、当初の品質システムの構築は大変だった。というのは世の中にＩＳＯ９０００を取得している企業はほとんどなく、自社で自ら試行錯誤しながら構築して行くしかなかったからだ。

もうひとつ大きな問題があった。ＩＳＯを認証取得するためにはどこかの審査機関から認証審査を受ける必要がある。当時国内にはひとつも審査機関がなく、結局はＩＳＯの本家とされる英国の審査機関から受審することになる。

さて、ＩＳＯ９０００の要求事項に従いシステムを構築するには、要求事項の意図を理解するのと並行して、自社の日常業務の整理をする必要がある。Ｙ社はもともと製造メーカーなので、モノづくりの手順書は数えきれないくらいあった。ただそれらが整理されているかといえば、とてもそのような状況ではなく、手順書に訂正や変更箇所などが赤ペンで追記されていたりしていた。この際、手順書や資料類を徹底的に整理する必要があった。

一方内部監査などは今まで実施した経験はなく新鮮でもあった。早速内部監査員を養成すべくさまざまな外部機関を当たったが、なかなか目にかなったところが見つからず、初めてＵＫＡＳ傘下の認証機関であるＬＲＱＡとコンタクトした。実はそのきっかけでＩＳＯの審査を依頼することになるわけだが、選定の理由は何のことはない、いち早くＬＲＱＡの日本拠点が設置されていたからだった。また説明では、ＩＳＯの審査と内部監査員養成の教育は２つとも同じ審査機関で可能とのことだった。

その他Ｙ社は全国にたくさんの拠点を構えているので、それら拠点を認証範囲に含めるか否かも議論となった。結局いくつかの主要拠点だけを対象にして、その後順次拡大することでまとまった。

さらに一番のネックは、このシステムを全社員へいかに理解徹底させるかだった。何せＩＳＯの教育訓練を担当する事務局側も、ＩＳＯそのものを十分理解しているとは言えない。ところが審査の日程は徐々に迫ってくる。それと並行して今まで整理されていなかったたくさんの文書、記録、資料、その他現場の不要物なども、このＩＳＯの導入をきっかけに大整理することが、全社方針で決められていた。

というわけで、ＩＳＯ課全員が本社はもちろん、全国の主要拠点にちらばり、この品質システムを理解徹底させることに集中した。またＩＳＯ要求事項の中でも重要な「マネジメントレビュー」については、もともと「経営者の見直し」が毎年度末に行われていたので、ＩＳＯの観点から足りないところは今までの見直しに追加すればそれでよしとした。とにかく自分達でできるところまで実行して、その結果審査での何らかの指摘は、謙虚に受け止め対応するということで、本番の審査を迎えることになる。

初回審査は、第一段階と第2段階に分かれていた。第一段階は文書審査に近く、第2段階は実地審査とのことだった。審査側の計画では、第2段階審査は、本社と全国12拠点のうちの4拠点が対象だった。拠点の選定は審査側にあると聞いていたので不安だったが、こちらの予想通り福岡支店管轄の沖縄が選ばれていた。というのは沖縄はすでに一大観光地で、日本本土はもちろん、海外からも相応に脚光を浴びていたからである。

審査チームの決定とスケジュール

審査に先立ち、受審側の当該業務に精通した審査チームが決定され、その履歴書が本社へファクスで送付されてきた。審査チームは2人で構成され、一人は日本人、もう一人は英国人だった。チームリーダーは関西在住の日本人で、主任審査員の資格を持ち、メンバーの英国人は審査員資格のみだった。審査スケジュールは、第一段階審査が1週間、第2段階審査は2週間と設定されていた。

第一段階は文書審査に近く、現場確認はさらっと行う程度だと聞いていたので、本社と関東2拠点が選定された。審査員の宿泊先は、外人は日本に慣れていないこともあり、本社近くのビジネスホテルを予約した。

審査員の英国人は何せ日本は初めてということを聞いていたので、来日時刻に合わせ、私と社内で選定された通訳とで、成田空港まで出迎えに行った。

大きめに審査員の名前を記載したプラカードを見つけた人が審査員だとすぐわかったが、その体の大きさに圧倒された。身長は2メートル近くもあり、体重は優に100キロを超える大男だったのだ。

手荷物のカバンを代わりに持とうと思ったが、腰が抜けるほど重かったのであきらめた。ホテルまで送り届け、フロントに外人なのでよろしくと伝えたが、あまり外人を扱ったことがないホテルで、不安げな表情だった。彼がこれほどの大男だとは知らなかったが、とりあえずダブルベッドを予約しておいて正解だった。

第一段階審査(文書審査)

初めてのISO審査ということもあり、経営者・部門長はじめ全国の主要拠点からも参加させたのでかなりの人数になり、大会議室があふれんばかりになった。

開口一番管理責任者の司会ではじまったが、英語でまくしたてる外人審査員の口調がきつく、通訳担当の社員も辟易し、途中かなりの頻度で休憩を入れた。

休憩時の日本人のチームリーダーとの雑談の中で、彼も外人と組むのは初めてとのことで戸惑いを見せていた。外人はまったく日本語がわからず、リーダーの片言の英語でかろうじて合意点をみつけている様子だった。

一日目の審査を終えホテルに戻る前の対応も事務局が担った。

「日本は慣れないようだから、食事の面倒でも見てあげたら」との上からの指示だった。ところが審査チームは外人だけではないので、他の審査員も面倒をみるはめに。それも数日間滞在ともなるとこちらも疲れてしまい、その上かなりの出費を余儀なくされたのだ。

第一段階審査は、毎日の審査終了後「指摘事項」がレポートにまとめられ、審査リーダーから説明される決まりだ。第一段階審査が終了した最終日には、指摘事項が数枚のレポートに記載され、「重大」「軽微」「観察事項」の3つにレベル分けされていた。その内訳は、重大0件。軽微12件、観察事項16件だった。すべて日本語ではなく、外人の指摘は英文そのままだった。英文はかなり乱雑な文字で読解不可能な箇所も多く、通訳を通じて逐一確認したものだ。

軽微の12件については2週間以内に是正を求められ、客観的な証拠を添付して審査リーダーに提出を求められた。

第二段階審査（実地審査）

第一段階審査からおよそ2か月後に第2段階審査が行われた。第2段階審査は主に現場が中心だった。

先ずは本社で一日かけて、両審査員が、経営者インタビューを皮切りに、すべての事業部を確認する審査だ。本社には工場も付帯しているので、それらも対象にされた。外人の審査員は工場審査に熱心で、、説明担当の工場長も相当疲れたようだった。

2日目以降は、全国の主要拠点のうち4拠点が対象だった。主要拠点は全国に12あり、札幌、仙台、大阪、福岡がサンプリングされていた。2人の審査員は分かれ、日本の東方面は外人の審査員で、西方面は日本人の審査リーダーが担当した。私は、大阪支店と福岡支店を担当した。大阪支店を審査後福岡へ移動し、翌日福岡支店を審査後、福岡空港から沖縄へ移動した。

対象現場の沖縄は、福岡支店が管轄している現場がたまたま沖縄にあったというだけで、沖縄に拠点があるわけではなかった。この対象現場は、公共下水道施設プラントの改修工事だった。下水道施設について審査リーダーは経験豊富のようで、質問もかなり深入りしていた。

審査後、予約していた「沖縄料理」の店にご案内し沖縄のすばらしさを味わってもらった。

第2段階審査を終え、本社におけるクロージングミーティングにて、今回の初回登録審査の結論として、軽微な不適合6件、観察事項5件の説明がリーダーからあった。

これにより、軽微な不適合すべての是正が確認できたら晴れて認証書が発行されるとのこと。今まで経営者から末端の社員まで、一つの目標を掲げそれを実現することはほとんどなかったので、感激の一瞬だった。

さて第2段階審査の日程は当初2週間と設定されていたが、ふたを開けてみると後半の3日間は審査機関側の都合だった。つまり英国ではまだエンジニアリング業務の審査実績が少なく、今後のことを考え、日本で学習させてほしいとのことだった。もちろん後半の審査料と宿泊料はなしだ。

出版のきっかけ

当時ＩＳＯ取得は全国でまだ数社程度で、当社が認証取得したニュースは新聞で大きく報じられ、瞬く間に世間に広がった。関心を示したのは全国の大手メーカーだった。

特に欧州に製品を輸出している企業にとっては、死活問題になりかねず焦っていた面もあろう。

Ｙ社にも新聞報道後、徐々に問い合わせが増えて来て、ＩＳＯのシステムはどのように作ったらよいのかとか、時には説明に来てほしいとの依頼もあった。私はそれらに対応するために、自分なりに今回のＩＳＯに関わる資料をまとめていた。関西の大手企業の「鐘淵化学」や「ヤンマーディーゼル」からも講演依頼が舞い込み、会社から出張許可をもらい対応した。

講演料も相場があるわけではなく、上司とも相談し勝手に決めたものだった。かなりのISO取得ノウハウも含まれていることも考慮し、おおむね2時間で40〜50万と設定した。もちろん私の懐に入るわけではなく、全額会社の売り上げになった。

ある日、ISO認証取得までの資料をまとめていると、教育事業部長から声がかかり、「君のまとめた資料を出版したらどうか」というアドバイスがあった。実はこの部長は東大卒ですでに自身も技術図書を出版していて、出版社を紹介してもよいともいってくれたのだ。

もちろん私は出版など考えたこともなく、どうしたら良いかもわからずにいたが、彼の出版社との打ち合わせ日に君を紹介するので、私について来なさいとの連絡があったのだ。

なんと優しい部長だったのか。彼のアドバイスがなければ、今日の私はないと思っている。

当日都内の神田にある技術書を扱うオーム社に連れて行ってくれた。なんと若手の編集者たちが私をじろじろ見ながら取り囲み、根掘り葉掘り「出版の目的は何か？」「企画書は書いたことがあるか？」「会社の許可は得ているか？」など立て続けに質問が相次いだので、こちらは、たじたじだった。挙句の果てに編集長という人から、「あなたの場合はすでに原稿があるので〝持ち込み原稿〟の扱いになり、2割も出版まで行かないのでそのつもりで」という説明を受け出版社を出た。そこまで言われればあきらめるほかなく、出版はやはり高値の花なのだと悟った。

その日から10日余り過ぎたころ、この出版社から突然電話があったのだ。電話口で編集長から「本日の出版会議で貴殿の案件が通り、出版する運びになったので執筆を続けてほしい」といわれたのだ。

私は電話を切った後、この喜びを誰に話したらよいか悩んだが、それよりも〝執筆〟という言葉は普段作家に対して使う用語で、初めてそう言われ、とてつもなく感激したのを今でもはっきり覚えている。

さまざまな障害

それから、一介のサラリーマンが著書を出版するためには、さまざまな障害に遭遇することになる。

まずは、一社員が本を出版するためには、会社から許可を得る必要がある。私は当時課長待遇だったので、上司は部長だった。部長からはすんなり許可を得られたが、曲者はその上の事業部長だった。彼からは何のために出版するのか、個人的な売名行為ではないか、通常の業務に支障をきたすなど、立て続けに反論があり、最後には、俺は出版は許さないとはっきり言われてしまったのだ。

すでに出版を決めていた出版社からはその後の執筆についての状況伺いの連絡があり、同じころ私を出版社へ紹介してくれた教育部長からも、その後の進展についての問い合わせがあったばかりだった。出版社には事業部長とのやり取りを正直に伝えるしかなく、出版社としても、今一番旬なテーマであるＩＳＯについて出版できないのは、極めて痛手だと私が責められたくらいだった。

例の教育部長も、私は会社から許可をもらって出版できているのに、あなたはなぜダメなの？　といわれてしまった。

後でわかったことだが、この事業部長には性格的に次の2つがあったのだ。一つは嫉妬深く他人の成功をめったに認めない。もう一つは他人の行為を信用しない、の2点だった。前者は何となくわかる。私がＩＳＯ講演などで全国を飛び回ることへの嫉妬心からだ。もう一つはよくわからないが、事業部長に断りなく出版社にコンタクトしたことなのか、今でも思い当たらない。いずれにしても私の出版の話は没になってしまった。私もかなり気落ちし、通常のＩＳＯ事務局の業務も、かなりおろそかになってしまった。

さてその年の年末での出来事だった。Ｙ社は毎年度末に、管理職以上の忘年会が開催されていた。大きな社員食堂が例年の会場だが、私もいちおう管理職なので参加していた。上司に酒を注いで回っていた時、副社長を見かけたので挨拶をした。実はこの副社長は私が入社時に課長待遇の上司だったからだ。私の近況報告の途中で、ちらっと「本が出版できなくなりました」と口走ってしまったのだ。

即座にその理由を聞かれ、正直に話したところ、「誰だ反対したお前の上司は?」といわれ、たまたま近くで飲んでいた事業部長を指さした。副社長から呼びつけられ私の前に来た事業部長に対し、「お前はなぜ出版に反対したんだ。ＩＳＯ取得は会社の最優先事項だったはずだ。俺だったらこいつの著書を脇に抱え、主要な顧客を回って売り上げに貢献する行動をとるぞ。今すぐ出版させたまえ!」と大きな声が会場全体に響き渡ったのだ。これで晴れて出版できるようになったのだが、その後地獄が待ち受けていた。

最低の評価

私の自宅は会社からだいぶ距離があったので、いつも早朝に自宅を出て会社の始業前30分には自席に着いていた。事業部長はいつも始業前ぎりぎりに着くのだが、私の前を通るとき、こちらの挨拶を無視するようになっていた。そう、年末の忘年会事件以来だ。そればかりではない。「萩原君。今回から君は管理職会議に出なくていいから」とも。副社長から私の出版許可を無理やり強制された腹いせだった。周りの若い社員からも、管理職会議時に、私だけ残っているのでいぶかしげの目で見られたものだ。

実はもっとつらいことが待ち受けていた。私に対する評価のことだ。私も毎年度末に上司から評価を受けるわけだが、私の上司は組織上この事業部長だった。評価は最低ランクのDだった。Dランクは、何かの事件を起こし会社に多大な損害を与えた場合に相当すると「就業規則」にはあるが、私はまったく該当しない。ある時会社の同期に評価について確認したことがあるが、D評価など聞いたこともないという。実はこの評価は、この年だけではなかった。次年度もまたD評価だったのだ。思い余った私は、事業部長に直談判した。彼の説明は次のようだった。「毎年の評価は、会社への貢献度が一番重要視される、君は会社にいることが少なく、頻繁にISO講演などで出かけている。会社への貢献は社内で与えられた任務をこなすことだ。その実績が少ないことで評価した」と。

Y社の顔でISO講演を行っていることを知っているにも拘わらずだ。

会社から許可を得て出版した著書は、当時ISOの本が少ないこともあり、瞬く間に全国に知れわたり、それを契機に全国の企業から講演依頼が殺到していた。

さらに重要なできごとが。当時Y社がISO認証取得した時点では、日本の審査機関がまったくなかったが、それらを作る前に、その上位機関である認定機関を立ち上げる必要があった。今の日本適合性認定協会（ＪＡＢ）のことだ。そうするためには、ＩＳＯ主任審査員の資格者の承認が必要だったのだ。

その当時その資格者は全国に数人しかおらず、その一人が私だった。ＪＡＢの担当者が手土産を片手に来社し、私はサインを求められたのだ。つまり私のサインがなければ今のＪＡＢは誕生もしていないし、審査機関もできなかったことになる。つまり私はＪＡＢ誕生の申し子であり、日本のＩＳＯの草分けといわれる所以だ。

審査機関立ち上げサポート

講演以外にも、ＩＳＯ審査機関の立ち上げのサポート依頼もあった。当時建設業界がＩＳＯブームになりつつあり、建設業界の財団法人がＩＳＯ審査機関になるべく動いていた。

いくつかの財団法人の幹部が、私の著書を片手に来社し、審査機関立ち上げに私を派遣してほしいとの会社への依頼だった。

会社も現金なもので、派遣依頼が高額だったのですぐにサインし、私の２つの財団法人への審査機関立ち上げサポートが始まった。

審査機関としてのシステム構築から始まり、職員への教育、ＩＳＯにとどまらず品質管理教育まで行った。その後財団法人が正式な審査機関として認められると、認証申請が相次ぎ、今度は私が審査リーダーとなり、全国の企業を審査することになる。

講演や全国の企業からのＩＳＯ相談依頼で出かけることも多く、ＩＳＯ審査機関の立ち上げサポートで財団法人にも席があり、確かに社内にいる時間が限られていたが、会社への貢献度が低いという事業部長の説明は全く納得できなかった。

起業の準備

実はこのころから、「起業」が頭の中で芽生え始めていた。年齢ももうすぐ50歳。起業・独立は、安定収入を失うので不安だが、講演依頼もかなりあるし、ＩＳＯのことについて教えてほしいという企業も増えてきた。ネックは家族の説得だった。子供は高1と中2の2人。感じやすい年頃だ。それに家内だ。何ごとも慎重し過ぎる性格だ。頃合いを見計らって話を切り出してみた。案の定猛反対。今の年収があれば十分やっていけるし、もしあなたが体でも壊したら収入はなくなるし、子供は路頭に迷うことになると。ただし上司とうまくいってないことは百も承知とも。

そこで考えついたのは、現状の仕事の整理と「予測できる収入の表」だった。会社の看板もなくなり、独立しても仕事を継続してもらえるものだけを整理したところ、現状の年収の3倍もあったのだ。家内にこの表を見せながら説明したところ、しぶしぶ了承してくれた。いざ起業となれば、自宅以外に事務所も必要となるので、自宅から一番近い都心の池袋にワンルームマンションを購入した。

いよいよ起業に向け準備段階に入った矢先に、思ってもみないことがあった。

別会社で、㈱横河総研というシンクタンクがあり、その所長（工学博士）から、ある日私に連絡があった。面会したところ「君のＩＳＯ著書やさまざまな講演の噂は聞いている。ついてはＩＳＯコンサル会社を作りたいので君に代表を任命したい。新宿に事務所を確保し、２人ぐらい事務員をつけるから」という趣旨だった。私は一瞬これも起業と同じようなものでいいのかなと考え、承諾する前に資本金の話になった。当時株式会社は１０００万必要なので、51％私が出したいと申し出た。ところが向こうは譲らない。１００％会社が持つとの一点張りで、双方折り合いがつかず、結局お断りした。きっと数年後には社長を交代させられ、私のノウハウをすべてとられてしまうとの警戒心からだった。

早期退職

気持の整理がつき、起業をまずは誰に申し出るかだ。やはり副社長だった。

副社長室に行き、出版の許可を頂いた御礼とその後の経緯、それに独立したい理由を手短に説明した。2年間も最低の評価だったことについては大変驚かれ、「なんでその時に俺に報告しなかったのか」とおしかりを受けた。

その後「独立後は仕事はあるのか?」と聞かれ、私が「これから探します」と回答した時だった。

なんと「お前が会社に来ても来なくても、1年間今までの給料を面倒見てやる」との温かいお言葉を頂戴したのだ。実はそれは、私の自己都合退職に配慮した結果だとわかった。なぜなら、当時のY社の自己都合退職は退職金が半額と定められていたからだった。

その後上司に申し出て無事退職となった。しばらくして会社の同期から連絡があり、例の事業部長は、私が退職後3か月も経たないうちに子会社に飛ばされたとのことだった。副社長の指示は明らかだった。

第4章

起業とビジネス

ＩＳＯコンサルティング会社

資本金１０００万で「株式会社 ＩＳＯマスターズ」というコンサル会社を設立した。

本社は以前購入済みの池袋のワンルームマンションだ。当初から問い合わせや来客が多く、とても手狭になり対応できないので、急遽本社とは別に事務所を借りることにした。距離があると何かと不便なので徒歩５～６分のところに、80㎡程度の事務所を構えた。

この広さがあれば、会議室やセミナー室も用意できた。仕事は順調で、全国各地から講演やＩＳＯ認証取得のためのコンサル依頼が立て続けに入ってきた。当時建設業を中心に、ＩＳＯの認証取得に血眼になったいわゆる「ＩＳＯバブル」に突入していた。私が立ち上げをサポートした２つの財団法人の審査機関も、受審申し込みが殺到し、受審まで半年待ちの状況だった。私の会社も社員を全国へ派遣し、ＩＳＯ認証取得を希望する企業のコンサルに奔走した。

私が創業したこのコンサル会社に以下の基本理念を設定し、全社員へ徹底した。

１）当該企業の実態を踏まえたコンサルティング
２）ＩＳＯ要求事項の意図の理解とシステムへの落とし込み
３）リーズナブルなコンサル料金

の３つだった。特にコンサル料金についてはその費用を抑えるために、できるだけ回数を少なく設定した。回数が少ない分だけコストは削減され、反面企業側の努力が必要となり、その分理解が深まると考えたからだ。

ベストセラー本

さて私が独立する前に遡るが、いつも派手に広告を流し、その時代にあった書籍を出版し、大きな収益を上げる出版社がある。高田の馬場にある「サンマーク出版」だ。この出版社の編集者が突然Y社に来て私と面会するなり、ＩＳＯの初心者が読んですぐにわかる、図解入りの本を出したいので、萩原さんに執筆をお願いしたいとのことだった。

すでに数冊の出版実績があったので、会社からはすんなり許可が出た。「ＩＳＯが見る見るわかる」というタイトルが付けられ、全国の主要書店で発売されたところ、1週間も経たないでベストセラーの仲間入りをした。それも束の間、今度は首都圏のＪＲ・私鉄内の「額縁広告」に著書が掲載されるという。出版社からの連絡で、私も確認するために山手線に乗車したところ、次から次と入線してくる車内に、私の著書の広告があるではないか。とっさに私は、その広告をバックに、見知らぬ乗客にカメラのシャッターをお願いしたことがあった。

審査員不足

一方あの時代は、審査を担当する審査員が大幅に不足していたことだ。あまりにも急激なISOバブルで、受審まで半年も待たされるのは、まさにISO審査員が圧倒的に不足していたからだ。その証拠に、研修機関が主催する審査員養成セミナーが、向こう半年間予約でいっぱいのあり様。

それもあってか、定年退職者が「にわか審査員」になりたくて、研修機関に殺到したものだ。需要と供給の関係で、審査員報酬もうなぎ上りで、10万円／日、あるいはさらに高額な報酬を稼いだ審査員は当時ザラにいたのだ。

ここでなぜこれほどまで建設業がISOの認証取得にこだわるかは、それなりの根拠があった。

当時行政の建設工事については、ISOの取得が条件だ、ともとれる記事が大手新聞に掲載されてしまったからだ。この記事により全国の建設業界が大騒ぎになり、中には父ちゃん母ちゃんの個人企業まで、とにかくISOだとなったわけである。

ところが実際は、かなりの脱落企業が続出してしまう。まずは審査費用だ。当時の審査費用はかなり高額で、初回審査では最低300万、小さな企業でも200万ほど用意する必要がある。審査費用ばかりではない。その前にシステムを構築しなければならず、コンサル料も覚悟しなければならない。その他時間も必要だ。構築したシステムを理解したり、内部監査員も養成しなければならない。ＩＳＯは当初から「お金持ちの規格」と呼ばれた理由である。導入するにも高額な費用がかかり、取得後も毎年の定期審査が義務付けられているからだ。

そのせいか、最初からＩＳＯをあきらめるところもあれば、せっかく大枚をはたいて認証取得したものの、その後維持できずに返上した企業も少なくなかったのである。

ＩＳＯマネジメントシステム構築

ＩＳＯコンサルティングで重要なことは、まずは対象組織の実態を知ることである。所在地に始まり、社員数、業務内容、本社以外の拠点数などをまず頭に入れる必要があるが、なんといっても現状の仕組みはどうなっているかが最大関心事となる。

考えてみれば、ＩＳＯ導入前は、大手企業でさえ、正式な文書化などはされておらず、暗黙のルールがあり、それに従って日常業務が機能していたところが少なくなかったのである。

実はここに「ＩＳＯの原点」があるのだ。何のことはない、この何となく行っている通常業務を文書化するわけである。

文書化というとすぐに敬遠する人がいるが、日常の作業を書き出し、それらを時系列的に並べるだけでできてしまうのだ。難しい論文や報告書をまとめるのとはわけが違う。

さて私はここで、日常業務を文書化することがＩＳＯの原点だといった。実はこのことがわかっていない企業が今もって数多く存在しているのだ。

ＩＳＯのシステム化・文書化というと、すぐＩＳＯ要求事項に従い作り出す。

ここにそもそも間違いがあるのだ。日常の業務はＩＳＯ要求事項の順番通りに行われているわけではないし、要求事項以外にたくさんの自社の決めごとがあるのではないか。だから構築されたＩＳＯのシステムと日常業務にギャップが生じ、やる気を失うのだ。

通常業務がベース

ＩＳＯ要求事項の序文に次のような記載がある。

この規格は次の事項の必要性を意図したものではない。

1）さまざまな品質マネジメントシステムの構造を画一化する

2）文書類をこの規格の箇条の構造と一致させる

3）この規格の特定の用語を組織内で使用する

つまり、要求事項の箇条に左右されるのではなく、自社の通常業務を日常用いている用語でまとめることがここでの文書化・システム化だといっているのだ。

そもそも当初のシステム構築の際、この序文を読まない人が少なくないのだ。

私は仕事柄、ＩＳＯ発祥の地の英国の文書化されたシステムを何度も閲覧してきたが、要点をわかりやすく簡潔にまとめてあるのが特徴だ。ただし、業務上重要なまたは間違いやすい箇所は、それなりに詳細に書かれていて、本物のシステムとはこれだと実感している。

またすべてフローチャートでまとめられたものもあり、所々に注意すべき要点が記載されているだけで、とてもシンプルでわかりやすい。

いずれにしても目の前の文書化されたシステムを、社員に読んで理解してもらわなければ始まらない。

内部監査

内部監査のやり方も現状のやり方に、一工夫も二工夫も必要ではないか。

私のコンサルティングも、当初から形式的な内部監査のチェックリストなど不要だと考えていた。現在もチェックリストにＩＳＯ要求事項を羅列しているところも少なくないが、当初は要求事項を理解する上で必要かもしれないが、あっという間に陳腐化してしまう。

ＩＳＯ要求事項の内部監査のところでも、要求事項よりも自社の決めごとを監査する方が先だとされているではないか。

ということから、私はチェックリストは目の前のマネジメントマニュアルなど、文書化されたシステムそのものでよいとしていた。

その方が監査を通じてシステムが丸ごと理解できてしまうメリットもあるのだ。内部監査の重要性が叫ばれながら、現状はマンネリ化で悩んでいる組織がなんと多いことか。

私の内部監査に関するコンサルティングは次のようだった。

1）システムと日常業務との乖離の発見

2）理解が不足している箇所の理解度向上

3）通常業務の負荷に関わるシステムの発見

なお、研修機関などで行われている内部監査セミナーは避けた方がよい。修了証は立派だが、内容が一般的すぎて参考にならず、自社に見合った実際的な内容で、いくらでも独自で養成できてしまうからだ。

もうひとつ、当該組織に内部監査を目の前で実施してもらい、その場で気づき点を述べ、役立つ監査に復活させるやり方だ。

この効果はかなり大きい。これにより他人に客観的に観察される重要性がわかるはずだ。

内部監査は関係しない他部門から監査を受けるのが原則だ。時には監査側は、顧客の目を持つこともあってもよい。今の時代はあらゆる部門が顧客と接する機会が増えている。被監査側に対して、あの対応は良いのか悪いのか、即座に判断してもよいだろう。

逆に監査側も気を付ける必要がある。あのような質問では逆に顧客に疑問を抱かせ信用を失うとなれば、披監査部門からも指摘を出してもかまわない。

内部監査のやり方など、考えればいくらでもある。

ただひとつ、監査の目的は、目の前のシステムをいかに事業活動に生かしているかをチェックするためにある。売り上げ、社員の力量、技術力、設備の充実、清掃活動や廃棄物処理、社員間のコミュニケーション、社員の健康・福祉など、対象は多岐にわたる。

ということから内部監査の目的をもっともっと広くとらえ、事業活動丸ごと対象だと意識すれば、マンネリ化などあり得ないはずだ。

コンサルティング手法

前にも書いたが、私のコンサルは日数が少ないことだ。全体のコンサル料金の削減の意図もあるが、構築したシステムを早く自分のものにしてほしいという願いからだ。

もともとＩＳＯのシステム構築は、自ら手をかけることに価値があり、まったく知らない他人の手助けなど不要だと考えていた。私のコンサルティング手法は、システムをいかに事業に生かし役だてるかを、側面からサポートするだけだ。

その意図があるので、当初からＩＳＯの各条項と実際の実務との関連をわかりやすく説明する。そのためには、要求事項の形式的なシステムへの落とし込みは厳しくチェックし、是正を促している。そのせいか、コンサルを受ける組織の立ち上がりは早く、私に頼らすに自社のみでシステムを構築できるレベルになって行く。いや私の方でその方向に無理やり仕向けるといった方が正解かもしれない。

長いお付き合い

さて私は2社ほど、コンサルを通じて長いお付き合いをさせて頂いた企業があった。

1社は13年、もう1社は8年ほどのおつきあいだった。大阪と広島の企業で、両社ともＩＳＯの審査員での訪問がきっかけだった。先にも述べたが、当時私は財団法人のＩＳＯ審査機関の立上げのサポート後、一人の外部登録審査員として当該審査機関に登録された。つまりこの2社に、財団法人の審査リーダーとして乗り込んだわけである。

2社ともに、初回の登録審査で、第一段階と第二段階審査が設定されていた。

まずは大阪の企業。

この企業は昇降機メーカーで、大阪に本社と工場があり、石川県にも新しい工場を建設中だった。

社長は創業者の娘で、並外れたリーダーシップとワンマンなところがあった。

社員は450名ほどで、堅実な経営で知られていた。

審査チームの編成は、私がリーダーで他の審査員は財団法人の職員だった、その職員は審査員の資格は保有しているものの。審査経験が少なくまたこの対象企業のメイン製品である昇降機についても、かなり知識不足だった。

対象規格はISO9001で、審査工数は第1段階が4工数、第2段階が6工数だった。

第一段階審査は大阪本社で行われ、軽微な指摘が7件、観察事項が12件検出された。

クロージングミーティングが終了し、第2段階審査の日程を双方合意の上決定し帰ろうとしたところ、食事が用意してあるとのことで、ごちそうになり帰京した。

第2段階審査は2人で3日あり、当初の二日は大阪で、最終日は石川県の新設工場を審査対象とした。新設工場で稼働しているのはまだ半分程度で、最終的なフル稼働は一年後だった。

審査後クロージングミーティングが行われ、審査結果は、軽微な不適合3件、観察事項5件で終了した。

審査終了後、またしても食事が用意してあるとのことで、私は辞退の意向だったが、財団法人の職員の方が乗る気で結局突き合わされてしまった。

大阪の昇降機メーカー

その後2回ほどこの企業の審査を担当した後、私宛社長から1通の手紙が届いた。

「私の審査手法に感激し、今後は審査を離れて第三者の立場で事業の発展に協力してほしい」との内容だった。私はもともと単なるＩＳＯ審査よりも、経営に興味があったので快諾し、以後審査は一切できない旨社長に伝えた。

その後13年もこの企業とおつき合いするとは、夢にも思わなかった。

まずは毎月開催される品質会議への参加が基本。その他大きな製品の品質トラブル時には、対応してほしいとのこと。毎年度の初めにコンサル契約書の取り交わしからスタートする。

ＩＳＯ審査の指摘事項のフォローも、暗黙の了解で含まれていた。品質会議は毎回2時間程度だが、ＩＳＯ管理責任者が品質保証部長も兼ねていて、彼が全体を取り仕切っていた。

いつも冒頭は社長の挨拶からスタートするが、参加メンバーはじっと聞いているだけ。その後各部門長から1か月間の状況報告が順次なされ、時折社長から鋭い質問が投げ掛けられる。

部門長はその質問に窮することもしばしばで、そのような場合は手を緩めるどころか、さらに追及が続く。

第三者から見ると、確かに社長の意見も当たっているのだが、口調がきついので部門長がうまく説明できないこともしばしばなのだ。社長から時々私に意見を求められるが、私からの説明は納得してもらえた。

このようにしっかりし過ぎの社長のもとで順調に業績を伸ばし、今や手荷物用エレベーターでは国内トップのメーカーに成長している。

社長は時折製品の品質を最優先するあまり、社員をしかりつけるところもあるが、元々心根の優しい人で、私もずいぶん助けられたものだ。

前述したように、猫も杓子もＩＳＯだといういわゆる「ＩＳＯバブル」は長くは続かなかった。

今思えば、おそらく１９９８〜２００４年ごろがピークだったかもしれない。

この原因は、認証取得を希望する企業がとりあえず取得を果たし、一段落したことが大きいように思う。その影響で認証取得を希望する企業のサポートを業とするコンサル企業は、もうそんなに必要ないというわけで、２００５年ごろからＩＳＯコンサル企業が急激に減少し、中には廃業するところも出てきたのだ。そのような事情も知ってか、私を継続して使ってくれたこの社長には、今でも頭が上がらない。その上私の著書を、新人や幹部社員に読ませたいとのことで、定期的に大量購入していただいたことも生涯忘れない。

最近経営権を長男に譲られ、自身は福祉施設の理事長になっているとのこと。

おそらくこちらも、持ち前のバイタリティで順調に成長しているものと思われる。

広島の建設業

もう一人恩人がいる。広島の建設業の社長だ。この会社は地元では有名で、建設業のほかに不動産業やゴルフ場の経営もしているお金持ちの企業だ。

この会社も私が財団法人の契約審査員だったころ知り合いになった。初回の審査後、社長との雑談の中で、今後私にいろいろな面で協力してほしいとのことだった。即座に私は、現在は審査員としての立場なのでそれはできないという趣旨の話をしたところ、審査は他の審査員に任せて、とにかく協力してほしいとの依頼。財団法人に断りを入れ、結局承諾した。

この企業からの依頼もラッキーだった。コンサルの依頼が落ち込み、この先どうやって盛り返えそうかと考えていた矢先だった。

社長は慶応大卒で、ほぼ私と同年齢だった。彼は2代目で、近々創業70年を迎える老舗企業だった。お金持ちの象徴が、本業の建設業のほかに、広島の一等地である恵比寿町にたくさんの自社ビルを保有していたからだ。

コンサル終了後、彼がよく「今夜はどこのビルのどの店に行きたい？」と私に声をかけてくれた。

私はいつも飛行機の時間の都合上、なかなか行けなかったが、そのくらい私はこの社長に気に入れられたのである。

ＩＳＯコンサルティングの中で最大のテーマが、「内部監査員養成セミナー」だ。ご多分に漏れず、この会社にも何度か実施した。

最初に実施した時には、なんとこの社長まで受講してくれた。２日間コースであったが、彼はいつも最前列だった。このコースには最終日に30分程度の「理解度テスト」を用意しているが、この社長はダントツの最高得点だった。セミナー終了後最高得点者に修了証を差し上げたいと申し出たところ、障害者の女性も参加しているので、ぜひ彼女に手渡してほしいとのことだった。

この社長もワンマンで、いつも広島弁でまくしたてるが、根はすごくやさしくいつも社員を気遣っていた。社長の気持ちは全社員がわかっていて、社長の悪口などまったく聞いたことがなかった。

人の運命はわからないものだ。今から十数年前の年の瀬が迫るころ、私は事務所で仕事をしていた時だ。午後9時過ぎ1通のファクスが送られてきた。この広島の企業からだった。なんとそこには、大きな文字で「社長死去」の文字が記載されていたのだ。私はこの目を疑い、何度も「嘘だろ、何かの間違いだ」と必死に悲しみをこらえた。あんなに元気な人が死ぬわけはない、と何度も自問した。

とりあえず真相を確かめようと、翌朝一番で、この会社に電話で連絡した。

ＩＳＯ管理責任者は電話口で、「実は社長は2年ほど前から体調不良で、時々病院通いをしていました」との弁。

とにかく広島へ駆けつけねば、との思いですべての仕事をキャンセルし、飛行機の手配をした。

かろうじて二日後の告別式に間に合い、手を合わせたが、死去の理由は「被爆2世」だったと知らされた。社長のおかげで8年近くも広島へ通い、すっかり広島という都市に詳しくなり、出かけるたびに広島原爆ドームを目のあたりにしていた。、まさかこんなに身近な人が、被爆2世だったとは。享年61歳。あまりにも早すぎる死だった。

彼は私から見れば、はるかにお金持ちで育ちもよかった。彼も有能な経営者らしく、いつも考えていることが社員のはるか先だった。現在も彼の会社が手掛けた建築物が広島市内に多数残されていて、当時の栄華が偲べるとともに、志半ばでこの世を去った無念さを、その後の仕事で広島を訪れるたびに、思う日々である。

東北人の人の良さ

ＩＳＯコンサルティングで、何回か秋田県に出かけていた。この会社は地質調査や測量がメインだった。季節は初冬だったと思う。いつものように、盛岡駅で乗り換え会社がある大曲駅へ秋田新幹線を利用して向かった。駅からタクシーを利用して目的の会社へ到着した。玄関で挨拶し、応接室へ案内されお茶が運ばれてきた。まったくいつもと変わらない日常だった。

ところが何となくいつもと違う雰囲気に気づく。いつもなら管理責任者があいさつに出てくるのだが、なかなか顔を見せないのだ。

どこか体調でも崩したのかと思っていたら、管理責任者が現れ、開口一番「先生。今日はコンサル日でしたっけ？」という。私は慌ててその場で手帳を繰り、カレンダーを確かめたところ、なんと今日は予定の1週間前の日だったのだ。

いわれるまでまったく気が付かなかった自分の愚かさを恥じて、「済みません。予定を間違いました。今から東京へ戻りますのでタクシーをお願いします」と頼み込んだ。

なんとそこへ社長が顔を出し「萩原さん。せっかく来ていただいたので今日は私が近くを案内します」と助け船を出してくれたのだ。

他人のミスを責めるのではなく、逆に楽しんで帰ってもらうその心の広さは、感謝を飛び越え、大きな感動をもらったものだ。自身の高級車を持ち出してきて、隣に座れという。行く先は秋田屈指の有名な観光地「角館の武家屋敷」だ。もちろん私は初めてだった。

目的地に向かう車内では、現状の会社の経営状況やこの先の向かうべき方向なども伺うことができ、今後のコンサルティングを行う上でも大いに参考になる情報だ。

観光地の角館は、戦国時代の名将戸沢氏の城下町で、築城もあり、その後佐竹氏に引きつがれて行く。青柳家、松本家、岩崎家など、多くの武家屋敷がそのまま残されていて、今や一大観光地としてにぎわっている。当日は観光シーズンではない平日で、かつこの冬の季節にも関わらず、そこそこの観光客が散見された。私は終始申し訳ない気持ちでいっぱいで、早めに東京へ戻ったが、まさに東北人の人の良さを今も忘れてはいない。

宗教法人

ある日突然、会社へＩＳＯコンサルティングをお願いできないかという連絡が入った。たまたま私の著書を購入したのがきっかけだという。

宗教法人「生長の家」からだった。

この宗教法人は、かつて三島由紀夫や石原慎太郎が心酔したことで知られている。

私はもともと宗教法人とは無縁の生活を送ってきたので、電話口で、コンサルティングをしても一切入信しないという条件で引き受けた。

当時本部は東京原宿にあり、そこにコンサル目的で定期的に通った。認証したい規格は、環境のISO14001で、この法人はもともと取り組む前から環境問題に極めて熱心な活動をしていた。創業者の自宅もこの近くにあり、本部に通勤する際、道端に落ちているゴミを拾うそうだから、トップの環境への思いとリーダーシップはこれだけで合格だ。

何回か訪問してわかったことは、いくつかある。

社員には、宗教法人の顔と一般の顔があるということ。名刺も2種類用意されていて、それを見て一般の「総務部長」格だとわかる。

もう一つは、この法人の基本的な考えだ。「人に尽くせば、必ずその見返りがあり、現世になくてもその子孫や来世にある」という教えだ。

その他「実相」という考え方。人間は神の子であり、神と自然と人間は調和しているという。

社員は心酔していたが、私は最後までこの考え方がわからなかった。

総本山で講演

コンサルティングの途中で、この宗教法人の総本山で「環境ＩＳＯ講演」をお願いしたいという依頼があり出かけた。

総本山は熊本県の山中にあった。山の入口に大きな鳥居らしきものがあり、ひと山すべて生長の家が所有していた。

会場に到着すると、すでに大勢の人が詰めかけていて、すでに満席とのこと。

講演会場は想像をはるかに超えた広大な畳の間だった。会場には大型スクリーンが2か所も設置され、中央には大きな講師用の机とマイクが置かれていた。

当日は１０００人を超える参加者があり、マイクの前に立つと、まさに宗教法人の教祖気分だった。この総本山もすでに環境への取り組みを始めていて、大型の太陽光発電、木材チップを利用した熱供給システム、時代を先駆けての電気自動車の導入など、ＩＳＯ認証前から環境問題については、かなり積極的だった。

目標の重要性

ＩＳＯ要求事項に、「目的・目標の設定」というのがある。コンサルティングを通じて感じるのは、この設定そのものが、かなりおざなりなのだ。内容があいまいで分かりにくかったり、当初から目標が設定されていないところもある。

その理由が驚きだった。なんと目標と実績の差があり過ぎて、立てても無駄だと。

実績が目標値をかなり上回っているのか、下回っているのか知らないが、目標の設定は少し努力すれば達成できる内容が一番いい。できれば数値化しておくとわかりやすいが、数値化は強制ではない。

これは組織ばかりではない。個人だって何らかの希望、要望、目標を持っているはずだ。一番になりたい。お金持ちになりたい。マイホームがほしい。今年中に結婚したいなど、内容は千差万別だ。

それを実現するために、日々努力しているのではないか。

容易に達成できるようだったら、もっと目標を上げてそれに向かってチャレンジする。達成の喜びを味わうとともに、さらに上位を目指す。スポーツ選手がいつも新記録を目指すことと、組織の活動は基本的には同じなのだ。

ところで環境問題の目標値の設定は、単年度よりも将来を見据えて設定した方が、具体的な手段を立てやすい。

たとえば3年後に目標達成を掲げたとすれば、初年度は基本事項の理解、次年度は達成するための具体的な手段の設定、その次は実施と検証、目標の見直しなどが一般的だ。目標の到達点は、3年や5年はざらで、それだけ地味な活動でもあり、時間がかかるからだ。

業種経験

私はもともと大手電機メーカーに技術者として入社した。一般的に技術者はあまり部署の移動は少ないが、私の場合は違っていた。入社時は化学分析チームに配属され、2年も経たないうちに、コンピュータのプログラミング部門へ移動させられた
その後は生産管理、製造部門、サービスセンター、エンジニアリング部門、品質保証部門など、まさに数年単位の移動だった。

当時部署の移動は昇格に不利、と聞かされていたが、私もその通りとなった。

実はその部署の移動が、将来の私の仕事に大きなメリットをもたらすことになる。

電機メーカー退職後の話だ。

ＩＳＯコンサルティングも審査も、あらゆる組織が対象となる。メーカーから始まり、サービス業、建設業、ＩＴ企業など、世の中のありとあらゆる分野が顧客となる。

コンサルティングや審査をご一緒した仲間も、私ほど様々な部署を経験した人は皆無だった。あるコンサル仲間の友人は、大手企業の品質管理部門に30年以上も在籍していたと聞き、私と大違いだと感じていた。

業種の知識など、今ならネットで簡単に情報収集できてしまう、といきがる審査員仲間もいたが、机上の知識と実際の業務を経験してきた人とは、格段の違いがあるのは明白だ。

私はもともと経験主義なので、何事も経験して初めて身についたり、理解できると思っている。だいいち当該業務の勘どころを熟知しているので、コンサルでも審査でも、うわべだけではなくズバリ本質に切り込むことができてしまう。相手からも、こちらの質問や話しっぷりで、専門性があるかどうかを一瞬のうちに見抜かれているものだ。

ISO審査機関創業

ISOコンサル活動をしながら、例の財団法人の契約審査員も兼務していたので、時々審査を依頼され、全国各地へ出かけていた。

ISOコンサルは、同じ企業に頻繁に出かけることになるが、審査の場合は原則年1回である。

審査日が決まると、審査チームが編成され、こちらの都合と合致すれば、晴れて審査が依頼される決まりになっている。

私は財団法人を含め複数のＩＳＯ審査機関に、契約審査員として登録されていたので、その都度こちらの都合と合えば審査チームの一員として審査に参加していた。私の場合、審査経験も多く、たくさんの業種経験もあったので、審査リーダー以外は皆無だった。

それはそれで満足はしていたのだが、私の審査手法を世の中に広めるためには、現状の審査機関の契約審査員という立場では限界があるといつも感じていて、いつかは自分で審査機関を立ち上げてみたいと考えていた。

審査機関を立ち上げるためには、国内ではＪＡＢから、海外ではＵＫＡＳ（英国）やＡＮＡＢ（米国）などから認定を受ける必要があり、すでにＩＳＯコンサルティングを始めるころから、審査機関の設立は頭の中にあった。ところで私は先に述べたように、Ｙ社に在籍していた頃、すでにＪＡＢの立ち上げをサポートした実績もあったので、いまさらそのＪＡＢから認定を受けることは、当初からまったく頭になかった。

というわけで、ＩＳＯの発祥の地である英国のＵＫＡＳ傘下の審査機関を、模索し始めていた。

まずはインターネットで英国内のすべての審査機関を対象に、すでに日本に拠点があるものは外し、慎重に調査をしていった。

所在地、世界のどこの国へ展開しているか……。一番の気がかりは、「認定範囲」だ。

審査機関は今までの実績や専門性の有無で、審査可能な認定範囲が決められている。1～39までのコード番号が設定されていて、その番号が認定されていないと審査ができたとしても、認証書が発行できない仕組みとなっている。

ＩＳＯ９０００１，ＩＳＯ１４００１，ＩＳＯ４５００１などのすべての規格ごとに定められていて、その認定コードの有無で、当該組織の審査が可能か否かが決まってしまう。ただしＩＳＯ２７００１（情報セキュリティ）については、認定コードは定められていない。今の世の中は、どのような組織であれ、情報は共通だからだ。結局2年ほどかけていくつかの候補を絞り込んでいった。

メールで問い合わせても、返事さえもらえないところから、即座に回答が得られるところまで、時間をかけ先方の対応を含め、慎重に選択していった。

その結果、最終的に絞り込まれた審査機関は6社だった。

ある審査機関候補とは次のようなやり取りがあった。

上海へ出張

某審査機関はその当時、ちょうど世界に展開する矢先で、その責任者は上海の事務所に常駐していた。私は現地の通訳を手配して、いつものように一人で乗り込んだ。

上海は以前家族旅行で行ったことがあったので、不案内ではない。2日ほどかけて、その責任者とさまざまな条件をディスカッションしたが、最終的に合意には至らなかった。

一番のネックだったのはロイヤリティの高さだった。こちらが審査をし、その後英文のAudit report（審査報告書）を苦労して作成しても、高額なロイヤリティを上納するとなると意気消沈してしまう。彼も残念そうな顔をしていたが、英国本部で決めたことだから、私にはどうにもならないとこぼしていた。

帰国する当日、ホテル内のレストランで「上海料理」を一人で食べたが、私の口に合わず、ほとんど食べれなかった。交渉が合意に至らなかった気持ちも影響していたかもしれないが、あらためて日本の中華料理との差を実感させられた。

その後、6社から3社に絞り込み、最終的な決め手は向こうの熱意と審査可能な規格の種類だった。当初からこちらのメールの問い合わせに対して迅速だったし、それに審査可能な認証規格も、品質、環境、労働安全、情報セキュリティーと、ほぼこちらが望む内容を満たし、かつ審査可能な認定コードの数もそこそこだった審査機関が、ＤＡＳ－ＵＫだった。すでにかなりの拠点を世界に展開していて、欧州はもちろん、中近東、東南アジア、その他アメリカ、ブラジル、オーストラリアにもあり、隣の韓国、中国にもあった。

その後お互いにいろいろな条件をメールでやり取りしながら、ほぼ合意。

私から英国本部に出かけ、ＤＡＳの日本拠点としての契約書にサインをするつもりでいたら、英国代表が近々東南アジアの拠点を回るので、日本に立ち寄り契約したいとの連絡が入った。私としては、英国本部がどこにあり、日常どのような活動をしているかをこの目で確認したかったが、次回に譲ることにした。

DASジャパン株式会社

私は当時、ＩＳＯコンサル会社を経営していたが、時間があるときには契約審査員として活動していたこともあり、多くの審査員と知り合いだった。

そして審査機関を設立するとなれば、かなりの数の審査員が必要となる。前述した業種コードとの関連だ。担当する審査員には、当該業種の専門性が要求されるからだ。今までの経験や実績が問われるが、それらがない場合は、審査リーダーのもとで審査実績を稼ぐ必要がある。

幸いかなりの審査員の友人から、新たなＤＡＳジャパン㈱の審査員登録の申し込みを頂いた。

そこで、英国代表が日本拠点との契約に来る日に合わせ、初めての審査員研修会を開催し、参加者にも英国代表の考えを理解してもらうことにした。

それに備え、ホテルの確保、研修会の会場設定、当日の審査員研修会のスケジュール、それに通訳の手配など、皆で手分けし準備した。

ホテルは池袋のメトロポリタンホテルを確保し、昼食や夕食は池袋駅周りの高級レストランに予約を入れた。

英国代表来日

いよいよ英国代表が来日する日。私と通訳の女性の2人で、成田空港で出迎えた。手荷物検査を終え待合室に出てきた彼は一目でわかった。あらかじめネットで彼の顔は知っていたが、やせ型で、身長が180センチをゆうに超える紳士然とした英国人らしい風貌だったからだ。大きなキャリーバックをリムジンバスに乗せ、私と彼は横並びの席で、うしろに通訳を座らせた。

なんと彼は日本に一度も来たことがないとのこと。首都高速で都内の高層ビルを目にしたときは、「ビッグシティー」と何度も叫び、盛り上がっていた。

ホテルでのチェックイン時に、フロントで外人であることを告げると、ボーイが手慣れた対応だったので、さすがに一流ホテルだと実感した。

その日の夕食は、池袋駅構内の「日本料理」の店を予約していたので、通訳を連れて案内した。

代表はお酒はあまり強くなさそうだったが、ビールだけは好きのようで、よく飲んでいた。日本料理は初めてとのことだったが、エビの天ぷらを、なぜか衣を剥いで食べたのは驚きだった。

審査員研修会は、全国から20人ほど集まっていただき、２日間開催した。

ＤＡＳ－ＵＫの現状から始まり、審査手順、登録、認証範囲、審査員の専門性、Audit report（審査報告書）のまとめ方、ロゴマークの活用方法、ＵＫＡＳの位置付けと過去の指摘事項など、多岐にわたり説明を受けた。

私と通訳は普段英文になれていたが、その他の参加者は慣れない英語に大変だったと思われ、かなり疲れ切っていた。

ただＩＳＯ審査の大元は、英語で書かれた規格要求事項なので、参加者へはこれを機会に英文に慣れてほしいと、私からアドバイスした。

2日目の審査員研修会終了後、弊社の事務所でDAS日本拠点の「代理店契約書」にお互いサインして、DASジャパン株式会社が正式にスタートした。

彼の帰国日にまた成田空港まで見送りに行ったが、途中成田エクスプレスの中でロイヤリティの話になり、こちらは審査機関の立ち上げなので、今はいろいろコストがかかるという話をしたとき、彼から思いもよらぬ返答があったのだ。「ロイヤリティは日本拠点が落ち着き、十分支払う余裕が出てきた時からでよい」と。

私はこれを聞いて、前述した高額なロイヤリティの審査機関もある反面、世の中にはこんな他人の気持ちがわかる人もいるのかと、すっかり彼のファンになってしまった。結果として、ロイヤリティは初回の審査から欠かすことなくお支払いしているが。

英国本部

弊審査機関の本部は英国にある。そのために、3年に一度は英国本部への訪問が義務付けられている。

2年前のこと。いつものように、世界から代理店が招集された。世界には40拠点ほどあるが、今回の参加者は28ヶ国からだった。

会場はロンドン市内で、いつもの場所だ。会場入り口でサインを求められ、ネームプレートを手渡される。席は自由だ。日本での何かのセミナーに参加する雰囲気に似ている。

私はいつも最前列に近い席に座るが、今回も空いている。

プログラムは、午前中は本部からの報告と今後の課題、午後からは2拠点からの報告と質疑応答となっている。9時スタートで、終了は16時だ。

今回の発表拠点は、ブラジルとパキスタンだった。言語は英語。2拠点とも流暢だ。英語力を見習わなければならないことを痛感。

英国北部の田舎町

その後2日間は、DAS本部での研修があった。本部の所在地はロンドンではない。ロンドンから北へ80キロ程度のノースハンプシャー州のルシュデンという田舎町にある。人口が5万ほどの街で、教会以外は高い建物は見当たらない。古い街並みが続き、ほとんどがレンガ造りだ。色もレンガ色で統一されているせいか、街並みは美しい。いかにも英国らしい雰囲気だ。

世界の多くの拠点を統括する本部なので、さぞかし立派な建物に入っていると思いきや、古びた建物の2階に間借りしていた。事務所の入口から階段を上がり、玄関を入るといきなり事務所になる。

かなりの広さで圧倒される。各々の社員がパソコンを駆使し、真剣そのものだ。各人のスペースは日本と違いかなり広めに確保されていて、周りには書類がうず高く積まれ、埋もれて姿が見えない人もいる。

日本からの審査レポートも、きっとどこかにあるに違いない。

今回の研修の内容は、各審査結果をまとめて提出する「審査レポートの書き方の研修」だった。

先ずは講師がモデルのレポートの内容を説明する。私を含め参加者全員にコピーを手渡されているが、かなりの枚数で持つとずっしり来る。

一通りの説明があり質疑応答となったが、なぜかいっさいなかった。みなモデルの審査レポートのボリュームにうんざりしている様子で、私も同様だった。

午後は拠点別に、本部の担当者と個別にディスカッションの時間が設けられていた。

その前にランチタイムだが、外にはレストランもあるが、みな食堂で食べるという。

なんとランチタイムは40分しかないからだ。食堂といっても大きめのテーブルが数個並べられているだけだ。コーヒーは自由に飲め、自動販売機もある。

ランチは無料で用意してくれたが、大きめのパン2つとピザだけだった。パンはかなりの大きさで、とても2つは食べられなかった。コーヒーはお代わり自由でおいしかった。午後は拠点別に担当者が決められていた。日本の担当者は恰幅の良い女性だった。生まれはポーランドで幼いころ英国へ移住したという。年齢は50歳前後だろうか。

今回訪問の私の一番の興味は、毎回審査後に提出する日本からのレポートがどのようにチェックされているのかだった。

驚かされたのは、なんと一行、一行すべてチェックしているとのこと。こちらは英語がネイティブではないのでと、あらかじめけん制してみたところ、内容はほとんどわかるので心配なしとのこと。結局指摘されたのは次の2点だった。

1）客観的な証拠の記載が不足している

2）前回のレポートと酷似している箇所がある

英国の若者

英国本部から車で10分ほど行くと、定宿のホテルがある。近くにはマクドナルドの店がある程度で、周りは新興住宅街だ。本部の研修は16時に終わるので、ホテルには早めに着く。

急ぎの仕事もなかったので、家内と散歩に出かけた。周りは新しい家ばかりで、かつ豪華な作りで圧倒された。敷地も100坪近くもあろうか。日本の高級住宅地を連想させられる。

しばらく付近を歩き回ったところで、帰ろうとしたが道に迷ってしまった。あいにく携帯はホテルに置いたままだった。元の道に戻ろうとしたが、なぜか戻ることができない。また交番も探したが、慣れない土地でなかなか見つからない。辺りはだんだん暗くなり、益々不安が募る。

いっそのこと、とある住宅を訪問し、道を聞こうかとも考えたが、警戒されると思い諦めた。さあどうしたものかと考えていた矢先、車の修理工場が目に留まった。大きくはなく、日本でいえば町の車の修理屋といったところだ。もう閉店間際らしく、その準備をしていた。

その修理屋に駆け込み、道に迷ってしまって戻れない事情を話し、外出時に持ち出した、ホテルのルームキーを見せた。その若者は、キーにホテル名が刻印されていたのですぐわかり、自分のスマホを取り出し、画面を見ながら説明を始めた。こちらは初めての土地でもあり、なかなか説明が飲み込めず、怪訝そうな顔をしていたところ、彼は自分の車を持ち出し、後ろの席に乗れという。

その修理屋から車で5分ほどの距離で、ホテルまで無事送り届けてもらえた。

彼に途中でチップを渡そうと何度も声をかけたが、いっさい受け取らなかった。黒人系の若い英国人だったが、どこの国でも親切な人がいるものだと感心した。

途中車は大きな道沿いを走ってきたが、英国では大きな道沿いの脇には歩道はなく、ホテルに戻るには再び住宅街を通る必要があり、彼の機転がなかったら本当に困ったところだった。

3日目の研修後、本部近くに湖があり、そこのレストランで、参加者全員による打ち上げパーティがあった。費用はすべて本部持ち。というのは、元々往復の飛行機代や宿泊費はすべて拠点持ちで、英国内の交通費や食事代などは本部持ちと決められていたからだ。

審査機関のバッティング

私がDASジャパン㈱を立ち上げたことで、今まで契約審査員として働いてきた財団法人系の審査機関とは、ライバル会社となってしまう。

特に私が審査を担当してきた企業は、私が設立した審査機関に流れる可能性もあることから、今までお世話になった御礼と設立の経緯などを説明するために、今までお世話になった審査機関を訪問した。審査部のセンター長の一言「こちらの顧客を持って行かないでよ！」。

私が逆の立場だったら間違いなく同じ思いに違いない。

もうひとつ大きな問題があった。今までＩＳＯコンサル会社を経営してきたので、そちらは断念することにした。審査とコンサルティングは、同居できないからだ。このコンサル会社は、廃業はせずに活動できない休眠会社とした。

さて私は、今後ＩＳＯ審査機関として、本格的に活動するために、いくつかの方針を掲げた。

1）組織の実情に見合った審査
2）ＩＳＯ要求事項の意図の理解と徹底
3）経営のサポートにつながる指摘
4）簡潔で漏れのない審査レポート

私が一番こだわったのは、組織の実情を理解した審査を実施したかどうかだった。

組織のレベルはまちまちだ。ＩＳＯのシステムをよく理解し、社員へ徹底している組織もあれば、システムをうまく運用できずに、日々悩んでいるところもあろう。中にはＩＳＯは名ばかりで、審査は早めに終えて帰ってほしいというところもあるかもしれない。

現状に見合った審査

このように、当初からレベルの違う組織に対して、同じような審査をしてもうまく行くはずはない。レベルの高い組織に対してはそれなりの審査を、逆にＩＳＯは何たるかを理解できていない組織に対しては、審査を通じてＩＳＯをわかってもらう必要があるのだ。

私は、定期的な審査員研修会などで、登録審査員には、ＩＳＯの規格の理解はもちろんだが、その他コミュニケーション力や心理学も必要だと常々述べてきた。

経営が落ち込めば社員の元気もなくなるし、ミスも起こりやすくなる。このような時こそ、第三者の心理的なサポートが必要になってくるのだ。

もう一つ、審査の流れも重要だ。

ありがちなのが、Ｐ－Ｄ－Ｃ－Ａの順に生真面目に審査を行うことだ。それは当初のシステムがまだ固まらない時期の話しだ。システム定着後は、いったい今何が問題なのかを一番知りたいはずではないのか。だったら審査はＣから始めるべきなのだ。

弊機関に登録しているある企業は、社員30人程度の半導体基盤メーカーだが、審査の冒頭で、1年間のシステム運用上の問題点を紙面にまとめ、その場でヒントをくださいと突き付けられたことがある。私は即座に事情を理解し、1時間ほどかけてヒントを述べたが、これこそ役立つ審査であり、逆に1年間の疑問点をまとめた企業側の審査の準備も見事である。

さらに審査への参加メンバーも重要だ、審査というと、いつも限られたメンバーしか参加しない組織が少なくない。

ある企業での出来事。審査を終え、その結果をまとめた1枚のレポートを、クロージングミーティングの参加者に渡すため、コピーをお願いしに総務部のドアをノックした。出てきた女性は「失礼ですが、どちらさまですか？」といわれたことがあった。この女性は当日、ＩＳＯ審査が行われていることさえ知らなかったのだ。

このような馬鹿げたことを避ける意味でも、審査への対応メンバーは、まだ受審経験がないか、あるいは少ない社員を優先的に参加させるようお願いしている。

ＩＳＯ要求事項でも、社員の積極的な参加が謳われているので、これを満たしていないことになる。

現場確認

何らかの事件が発生した時に、警察は現場において関係者以外が立ち入れないよう即座にロープを張る。あれは事件が発生した時の現場の状況をそのまま残し、事件に関わる何らかの証拠を入手するためである。例えは悪いが、ＩＳＯの審査もこれに似ている。

時々現場審査を嫌う審査員がいるようだが、もうこのような審査員は要らない。

本場英国のＩＳＯ審査は、ほとんど現場が主流だ。中には審査対応で体調を崩した企業側の担当者もいたそうで、長時間の現場審査が影響していたのだろう。

日本の昔からの品質管理状況のチェックも「現場・現実主義」が主流だった。有能な経営者は、「現場にこそ品質の原点がある」と考える人も多く、それがあったからこそ、日本製品の品質は今なお世界から注目されているのだ。

ＩＳＯ審査も全く同様。今日現在現場がどうなっているかを、この目で確認し、その客観的な証拠を入手する。あるいは現場社員へインタビューし、システムがどの程度理解徹底されているかを確認する。

ＩＳＯ審査は、この「当たり前の作業の繰り返し」だ。

あるベテランの審査員は、工場の入り口に立っただけで、システムがどの程度徹底されているかがわかるという。ベテランともなると、今までの経験や雰囲気から直感的に何かが伝わってくるのだろう。

それとは逆に、近年のコロナ禍以降、リモート審査が当たり前になってきたという。

現場に行かずに、画面上の確認だけで本来の審査ができるわけがない。画面で確認できないところをどうやって審査するのだろうか？

審査であれこれ客観的な証拠を要求するより、現場に行けばあっと言う間に現実がわかってしまうのだ。今も昔も、現場の重要性はちっとも変わらないのだ。

審査員の専門性

審査機関は、業種ごとに定められた認定コードを保有していないと、審査をしてもそれを証明する認証書が発行できない決まりになっている。そしてその認定コードに対応した専門性を有する審査員を確保する必要がある。

さてＩＳＯの審査で、どこまで専門性が必要だろうか？

というのはＩＳＯ審査は仕組みの審査で、専門的なところまで深入りすることはほとんどないからだ。ある審査員が審査中に、当該組織の技術的な事項について、深入りしすぎて受審側とトラブルになったことがあるが、審査は専門技術を競うような場所ではない。

もちろん審査側が当該組織の業種内容について、あまりにも無知では話にならないが、ある程度の知識があれば、ＩＳＯの審査は十分可能なのだ。

弊審査機関は、定期的に開催する審査員研修会で、必ずいくつかの業種事例を取り上げ、専門性を高める訓練を実施している。

時間のコントロール

ＩＳＯの審査は、審査に先立ち受審側と合意した審査スケジュールのもとに実施するのが基本だ。

そのためには限られた時間を自身でいかにコントロールできるかも審査員の力量に関わってくる。

慣れない審査員は、往々にして審査を早めに終えてしまうが、そこにも力量のなさが表れている。

ISOの審査は、あらかじめ与えられたスケジュールに記載された審査項目（項番）だけではない。この項番は、システムの中の他の項番とも何らかの形で関係している。例えば何かのミスが発生した場合、力量が不足していたのか、手順に問題があったのか、あるいは責任の所在があいまいだったのか、その原因は多岐にわたる。となればスケジュールに記載された項番以外にも審査は及ぶのだ。昔はよくスケジュールに記載のない項目は「審査対象外」としたものだが、もうこれだけ世の中が複雑化してくると、ものごとはあらゆる方向から丸ごとチェックする時代に移りつつある。

一方審査時間の延長も避けたいものだ。ISO審査ともなれば、受審側はそれなりに緊張もしているはずだから、スケジュールの厳守は必須だろう。審査終了後に何らかの予定をセットしている企業もあるかもしれない。

審査時間など考え方次第でいくらでもコントロールできる。時間が足りないと思ったらサンプル数を減らし、余裕があるときはサンプルを増やしたり、息抜きも兼ねて雑談するとか、これらも審査員に求められるコミュニケーション力のひとつである。

受審側への配慮

ＩＳＯ審査をスムーズに進められるかどうかは、受審側に花を持たせるぐらいの気持ちならうまく行く。例えば発言の機会は８：２ぐらいにしたらどうか。

つまりほとんど聞き役に徹し、あくまでも主役は受審側とするわけだ。

ＩＳＯの審査は、受審側の業務をベースにしたマネジメントシステムが対象なので、審査側があれこれ口を挟むことではないのだ。システムの構築も実行も、すべて受審側の話で、その業務の中のシステムがどのように構築・運用されているかが、審査の目的なのだ。

審査側が出しゃばり主導権を渡さないのは、本来の審査を逸脱している。こちらの質問に対し積極的に回答してくれることで、普段システムがどのように運用されているかがわかり、審査がスムーズに進む元を作ってくれていろのだ。

関西の某企業との審査後の雑談の中で、ＩＳＯ審査は日ごろのうっぷんばらしでもあるといっていた。どのような不満があるかは知らないが、時には精神的な受け皿になることで、その原因が現状のマネジメントシステムの不備の発見にもつながるかもしれないからだ。

指摘事項のまとめ

審査員は審査終了後、審査結果を文書でまとめる作業がある。これを嫌がる審査員もいるが、もうこの時点で審査員は失格である。

弊審査機関に2年ほど在籍したベテランの審査員は、人前では理路整然と自分の意見は述べるのだが、いざ結果を文書にまとめるとなると、ぱったり筆が進まず困惑したことがあった。

審査後のレポートは、小説や論文を書くわけではない。発見された事実を第三者にわかりやすく文書化するだけだ。一番わかりやすい書き方の例は、5W1Hだ。

しかも記載された内容は、どこから来ているかも重要だ。つまり客観的な証拠の記載が必要なのだ。

審査後の審査チームミーティングで、指摘事項をまとめたものの、その証拠の記載がないと、指摘事項とはなり得ない。例えは悪いが、犯人と決めつけるためには、何らかの証拠が必要と同じだ。

そのためには審査時のメモが極めて重要な証拠となる。

となれば、審査時に素早くメモを取る力量も審査員には必要となる。その代わりに昨今音声録音も活用されているようだが、後々のトラブルを防止する意味でも、あらかじめ受審側に了解を得ておく必要があろう。

審査の公平性

「審査員は審査中にコンサルティングを行ってはならない」のは当たり前の話だ。

ＩＳＯ審査は、現状のマネジメントシステムが今どのような状況にあるかを、客観的な証拠に基づき、認証が維持できるか否かを判定する行為だからだ。

つまり、受審側のシステムの現状について判定するだけで、それをどのように是正または改善するかは、組織側の責任なのだ。

よく議論になるのは、どこまでが審査で、どこからがコンサルなのかわかりにくいとされるが、審査はあくまでも判定行為だと考えれば、難しくはない。

ただお互い人間なので、わかっていながらはっきり割り切れないことがあるのも事実だ。

そこでひとつ考えられるのが、似たような事例を上げて自ら考えてもらう行為だ。

これも度が過ぎるとコンサル行為とみなされるので、あくまでも一般例を上げるに留めることだ。審査で重要なことは、発見された事実に対して、受審側が自ら考え是正・改善できる能力や習慣をつけさせることだ。

もうひとつは、審査員に対する接待行為だ。代表的なのは、帰り際の手土産や食事の接待だ。

ISO審査は行政とは違うという考え方もあるが、人間である以上、何らかのおもてなしを受けると、それにこたえようとするのは自然な気持ちだ。

審査側と受審側が、審査を離れてお互いに情報交換をした結果、その後の審査がスムーズに行くことだって十分にあり得るだろう。

要は何ごとも程度の問題だ。食事会にしても毎回ではなく、数年に一度ぐらいに留めるとか、いくらでも方法はある。そして支払いは、お互い必ず「割り勘」にすること。これであれば、後々問題になることはめったにない。

某審査機関の審査員は、毎回の接待まがいの食事会を楽しみにし、自ら2次会も要求するというから、これではまるで〝たかり〟である。

お互い何らかの後ろめたいところがあってはならない。

審査側は、気づき点は堂々と指摘し、受審側はその内容に納得したら快く受け入れ会社の発展につなげる。

これらはすべて、お互いの良好なコミュニケーションがあってからこそだ。

審査チーム

ＩＳＯ審査は基本的に審査チームを編成して行う。

受審側の業務に精通した審査リーダーと、その他数人の審査メンバーで構成される。

2人の審査チームもあれば、対象組織が大きい場合はもっと人数を増やして対応する。審査チーム員同士がお互い気心が知れている場合は問題ないが、初めての審査チームの編成だと何かと気を遣う。

審査をスムーズに行うためには、チームリーダの存在は大きい。目の前の審査がうまく行くかどうかは、チームリーダーのリーダーシップと人間性によると考えてもよい。

先ずはリーダーシップとは何かだ。

リーダーだからといって、自身の権限を振りかざすのはもっての外だ。

まずは審査員としての実力があるかどうかだ。ＩＳＯ要求事項はもちろん、当該組織の業務の理解、審査実績、コミュニケーション力、審査結果のまとめ方、全体の審査スケジュール管理など多岐に及ぶ。

中でもコミュニケーション力は極めて重要だ。例えば審査の折に、こちらの質問に対して受審側の回答を謙虚に聞く姿勢だ。回答の途中で相手の発言を遮ったりするのはあってはならない。

相手の発言を静かにじっと聞く。もし疑問点があっても相手の話の腰を折ってはならない。もし自分が逆の立場だったらどうかと、常に考える癖をつけることだ。

一方審査中に発見したことを受審側に正しく伝える力だ。こちらが何を言っているのか相手がわからないようでは話にならない。発見された事実を、相手にわかりやすく説明する。もし相手がわからないようだったら、別の表現に言い換え理解を求めてみる。

私のところに在籍していた某審査員は、自身が発見した事項の説明に、受審側がなかなか理解してもらえなかったことに対して、「この会社はこちらのいうことが理解できず、審査が前に進まない」と息巻いたことがあったが、私が彼の発言を聞いてもさっぱりわからなかった。

またリーダーは、審査終了後、自身やメンバーが発見した指摘をとりまとめ、審査結果の結論を出さなければならない。審査は限られた時間の中で実施しているので、最終的にどれを指摘として出すのかの決断力も必要だ。

その最終決断する前に再度事実を確認することも忘れてはならない。ＩＳＯ審査は、単なる予測だけで事実に基づかない指摘はあってはならないからだ。また時には、メンバーが発見した指摘を取り下げる場合もあるだろう。この場合も、その理由をしっかりと説明し、前もって了解を得ておくことだ。

また審査チームの役割分担も前もって決めておく。審査員全員が相手とのやり取りに熱中し過ぎて、だれもメモを取らなかったことは起こり得る。あらかじめメモ係を決めておけば、このような失態は防げるわけだ。

その他よくあるのは、ある審査員が急な思い付きで発言するケースだ。審査は流れがあり、唐突な質問により当初の流れが思わぬ方向に行ってしまうこともある。このような場合には、発言者側が気を遣い、審査の流れを乱さないようにすべきだろう。

一方審査チームのコミュニケーションを高めるために、皆で飲み会などを行うことはよいことだ。

私も審査チームの飲み会は大好きで、できるだけ参加するようにしている。飲みすぎて翌日の審査に影響を及ぼすようでは困るが、適度な飲み会は、審査チームの結束を高める意味でも、大いにやるべきだと思う。

組織は総合力

個人商店ならいざ知らず、組織という形態になれば、個人の力量はたかが知れている。一人の力持ちが頑張って荷物運びをしたとしても、所詮多人数の力には勝てるわけがない。というわけで、組織全体としてのパフォーマンスをいかに上げるかが問われる時代となった。

そのためには、それをまとめる管理職やリーダーの力量が必要だ。

前述したような嫉妬深い上司などあってはならない。社員の各々の力量や性格をしっかり把握して、その総合力で目的や目標を突破する。確かに社員個人の力量の差はあろう。ただしあらゆる力量がすべてトップな人はめったにいない。

いま日本のラグビーが注目されている。つい数年前までは、強豪国に大差で負けて相手にされなかったが、今や強豪国に勝てるところまで来ている。

これは、各メンバーが自身の役割をしっかり把握し、それを着実にこなした結果だ。

「トライ」というのが最大の目標で、それを成し遂げるために、メンバー全員が協力する。サッカーもラグビーも最終的にゴールやトライをした選手が注目されるが、それはすべての選手の総合力の結果なのだ。

勝利インタビューで、監督やヘッドコーチがよく口にする言葉が、「チームワーク」と「総合力」だ。ラグビーもサッカーも一つの組織ではないか。であれば、企業の事業活動もまったく同じなのだ。

監督やコーチの采配や人間性で、勝負は大きく左右される。

一方選手がよく口にする言葉が、優勝して監督に花を持たせたい、喜ぶ顔がみたいという。

あれは皆か監督の采配や人間性に惚れこんでいるからだ。

だったら上に立つ人間は、仕事の実力と人間性を備えた、常に部下に慕われるかが問われることになる。

ISOの凋落

ここ数年、ISO取得件数の低下が止まらない。世界はそれほどではないが、日本はひどすぎる。

もうピーク時の件数の30％ほど減少してしまった。

いったいこの現象はどうなっているのだろうか。

●国の責任

まずは国の動きだ。当初のISO導入当初、日本の動きは緩慢で、世界に遅れをとった苦い経験がある。当時の通産省（今の経産省）は、その遅れを取り戻すべく積極的に動いた。各種講演会・説明会をはじめ、マスメディアも活用し、大々的にISOの効果を宣伝した。

その結果ISOブームを啓発し、企業へ急速にISOが導入された。世界のISO取得件数のランキングでも、日本は常に上位ランクで、世界を牽引しているのではないかと、騒がれたところだ。

その後どのような理由かは定かではないが、徐々に増加のカーブが落ちはじめ、その後は総件数の減少に転じた。

日本ばかりではない。発祥の地英国や、フランス、ドイツも同じような傾向を見せ始める。

●中国の動き

それとは正反対の動きが中国だった。あれよあれよという間に日本も越され、今や世界一の認証件数を誇る「ＩＳＯ大国」に変身してしまった。

日本の10倍以上人口があるので仕方ないという意見もあるかもしれないが、それは別の話だ。いつでもそうだが、あの国の情報はまったく信用できない。ある情報によれば、審査工数などあってなきがごとしで、適当に処理されているという。

審査スケジュールでの審査工数と、実際の審査工数とは大違いというわけだ。

つまり当初の審査工数はそのままで、実際はその半分や１／３程度の工数で審査しているというわけだ。審査の内容もどうだろうか？

形式的で役立たない審査が横行しているかもしれない。世界中の正直で真面目な国々が、中国のやりたい放題な審査手法に振り回されているとしたら、国際規格など、人々に相手にされなくなってしまうだろう。

ひょっとしたら、世界の認証件数が伸び悩んでいるのは、この中国の影響ではないのか。

●ＵＫＡＳの動向

もう一つ英国認定機関ＵＫＡＳの動きだ。もともと何かにつけ厳しいことで知られているが、最近それに輪をかける出来事があった。

ＵＫＡＳ傘下の某審査機関の認定審査でのこと。ある建設業のサンプリング審査で「建設業の設計・施工・メンテナンス」という認証範囲に対し、担当審査員の設計業務の力量がわからないという指摘だった。

何とも訳の分からないいくだらない指摘だろうか。

施工の確認の際、それの基となる施工図面の確認は当然しているはずで、設計能力があるからこそ施工の良し悪しがわかるのではないか。しかも担当審査員は、1級建築施工管理技士の資格を有している。であれば、彼は図面を読めるだけではなく、高度なＤＸ技術も保有しているはずであり、明らかにＵＫＡＳの指摘は間違っていることがわかる。

このように見てくると、何かＩＳＯがおかしな方向へ向かっているのではないか？

中国のやりたい放題の審査や、見本となるべき認定機関などによる、あまりにも馬鹿げた指摘など、本来のＩＳＯの良さが失われ、それがＩＳＯ認証件数の大幅な落ち込みに関係しているのではないか。

まだ遅くはない。ＩＡＦ（国際認定フォーラム）が中心となり、本来のＩＳＯの原点に立ち返り、「組織に役立つＩＳＯ」とは何かを、再検討する時期に来ているかと思う。

地方出張

ＩＳＯ審査における一番の楽しみは、地方に出かけられることではないだろうか。

私は昔から、旅行と写真を撮ることが好きだったのでなおさらだ。

ＩＳＯ審査に係る仕事は、「天職」だと思ったこともある。

弊審査機関の登録企業が沖縄にある。今から10年以上も前に、沖縄のこの企業から申請があった。沖縄は思い出の場所で、前述したように、Ｙ社に在籍当時、初回のＩＳＯ審査で、事務局として初めて訪問したところだ。

某会社の所在地は、那覇から少し北の金武町にある。会社の目の前が海であり、いつも海を見ながら、さわやかな風の中で審査を行っている。業種は造園土木で、社長は職人気質だ。

彼はまた学研肌でもあり、一級土木施工管理士や数少ない樹木医の資格も持っている。東京でしばらく働いていたが、故郷の沖縄へ帰り起業した。彼は人間性もよく、いつも物静かで謙虚である。

そのせいか、会社は急激に大きくなり、社員も50人を超えている。

沖縄は大らかな人が多いといわれるが、この企業も例外ではない。こちらの指摘もいやな態度は一切見せず、いつも素直に受け入れてくれる。

ただ欲を言えばやや時間にルーズなところかもしれない。しかしなぜか、これらも沖縄の土地柄として許されてしまう。審査での一番の楽しみは現場審査だ。このような業種は現場にこそ、マネジメントシステムが集約されているので、いつも現場審査に時間をかけるようにしている。沖縄には北部方面に大きなダムがいくつかあり、ほとんどこの企業が関わっている。また主要な国道や県道沿いに植えられた樹木のメンテナンスも一手に引き受けている。

一方、当初審査で沖縄へ行った時には、まだコンビニはなかったし、またラーメン屋も進出していなかった。ラーメンの代わりといえばソーキそばで、これがすっかり気に入ったものだ。今やコンビニやラーメン屋も数多く出店されるようになり、もう本土とあまり変わらなくなっている。

沖縄本島は初めて行った時は大きく感じたが、南の端から北の端まで120キロ程度しかなく、レンタカーで回っても一日あれば十分な距離だ。

県庁のある那覇市は大都会で、高層ビルが林立し、モノレールも走っていて、交通の便もよく快適な暮らしができそうだ。ただしモノレールの距離はまだ短く、足をのばすには、どうしてもレンタカーが必要だ。

離島の魅力

沖縄の魅力は沖縄本島だけではない。沖縄にはたくさんの離島があり、最近は本島だけでは物足りず、今や本島は乗り継ぎにしか過ぎない客が急激に増えている。実は私もその一人で、数年前から審査後に離島へ足を延ばすようになった。もちろんすべて自費である。

まずは石垣島。那覇空港から飛行機で1時間程度だ。フェリーも運行されてはいるが、9時間ほどかかるので利用したことはない。

何といっても有名な川平湾。海のきれいさは、沖縄本島の比ではない。船の底からサンゴ礁や魚が見えて、身近な水族館ともいえる。石垣島からフェリーでわずか15分と近く、水牛車で有名な竹富島にも渡った。水牛車を利用すると30~40分もあれば島内の観光地を回ってくれる。季節外れに行ったこともあり、なんと水牛車の乗客は私一人だった。

ホテルは港近くだったので、夜一人で港のレストランに食事に行き、たまたまウエイトレスと雑談になり、すっかり地元の人かと思いきや、なんと関東からアルバイトで来ているとか。こちらは地元の人と話をしたかったので、ガッカリだった。

もう一つ。現在弊社のＨＰを作成・メンテナンスしてくれている人が石垣島にいる。彼が東京の会社に勤務しているときに知り合ったが、数年前に親の面倒を見たいということで、故郷のこの島に帰ってきたそうだ。彼は元々音楽関係の仕事をしていて、この島出身の「夏川りみ」が友人とのこと。

次に宮古島。こちらも那覇空港から飛行機で1時間程度。印象に残ったのは砂山ビーチと池間大橋だった。特に池間大橋は、宮古島と池間島をつなぐ巨大な橋。全長１４２５メートルもあり、この橋は天国に続く橋とも呼ばれている。橋から見下ろす海はコバルトブルーで、だれでもその美しさにしばし茫然としてしまうほどだ。

また大きなゴルフ場や、それに隣接した高級ホテルもあり、まさに南国のリゾート島の感じだった。

久米島へも行った。那覇空港から久米島空港まで30～40分程度で行くことができ、那覇市からは一番近い距離だ。有名なミーフガー。巨大な穴が開いている奇岩で、女性のシンボルとも呼ばれている。宇江城も有名で、ここは久米島北部最高峰の宇江城岳の山頂に築かれた城。標高は３１０メートルで沖縄では最も高い山頂とのこと。また「お化け坂」という場所もあった。ミステリアスな心霊スポットで有名で、登坂なのに車が勝手に動き出すといわれているとか。

この島では、ホテルで用意された電動自転車を借りて回った。貸出時には、電池は一日十分持つといわれたので安心していたが、この島は坂道も多くあっという間に半日程度で電池が消耗してしまい、その後は重量のある自転車を坂道を引きずって一周する羽目に。

日本で最南端の与那国島へも行ったことがある。新石垣空港から琉球エアコミュータという飛行機で1時間ほどかかった。乗客で部外者は私1人、ほかは地元の人ばかりで計6人しかいなかった。

天気のよい日は、この島から台湾もみえるというから、日本も広いものだ。

いつも離島の観光には現地のレンタカーを借りているが、この島は小さくて、2時間で全島を一周できてしまった。小さい島にも関わらず、200メートル級の山もあり、起伏の多い島だった。南からの風はかなり強く、車ごと飛ばされそうになった。島の北側に回ると、小高い山の影響で風はほとんど吹いていなかった。

この島の産業は、漁業とサトウキビ栽培、それに牛馬の放牧だった。そのせいか、道路にはその落し物が多く、それらを避けて車の運転をしなければならず、かなりの運転技術が要る。信号も空港近くにひとつあるのみ。

商店も全島ひっくるめても5～6件程度しか見つからず、いったい島民はどうやって生活しているのか、不思議だった。レンタカーで北部方面に行き、とある商店を見つけて入ったところ、見たこともない商品ばかりであっけにとられてしまった。その中でも唯一口にできそうだったのが、新潟のせんべいと地元のオリオンビールだった。レジでお金を精算する時も、相手がなにをいっているのかさっぱりわからなかった。

後で聞いた話だが、沖縄本島の人も、離島の人の言葉はほとんどわからないといっていた。日本の最南端に位置し、国境に近いこの島が、日本であることの方が不思議なくらいだった。

山口県柳井市

山口県と広島県の県境に、米軍基地で有名な岩国市があるが、その西隣に位置する柳井市に登録企業がある。

この企業とのお付き合いも10年以上にもなるが、時間をかけて行くだけの企業だと考えている。事業内容は建設業だが、ほとんど土木事業に特化している。

最初の関わりは一本の電話だった。当時この企業はＩＳＯの認証をしていたが、某審査機関との折り合いが悪く、せっかくのＩＳＯを返上したところだった。

ところが事業上、どうしてもＩＳＯの認証がなくてはならなくなり、急遽また取りたいとのことで、弊機関へ見積依頼がきたというわけである。品質、環境、労働安全衛生の3規格の統合システムでの認証希望だった。

私は早速ネットで会社の情報を調べ、見積書を作成し、ファクスにて送付しつつ、すぐさま現地に乗り込むべく飛行機とホテルの手配をした。当時まだ岩国空港はなく、広島空港から広島市内で一泊し、新幹線で新岩国駅まで行くのが最短ルートだった。ただこの企業へは新岩国駅から車で一時間弱かかる遠距離にあり、高額なタクシー代も覚悟した。初めて訪問した本社は山の中にあり、近くにはゴルフ場もあった。

玄関ドアを開けると受付の女性が現れ、社長室に通された。

挨拶もそこそこ、社長はひと通りこちらの説明を聞いたところで、4社の相見積書を私の目の前に並べて、実はすでに御社に決めたところだとの説明があった。

私はこんなに早く決まるとは思っていなかったので、驚きと同時にその真意を確かめたかった。

まずは4社の見積金額の差。弊機関は下から2番目の安い方だった。その他先方の要望に対する迅速な対応も評価された。他の3機関は見積依頼後、その入手まで3日以上要したが、弊機関からは当日入手できたこと。そして最大の決め手は、代表者が自ら直接会いに来てくれたとのことだった。

これを契機にお付き合いが始まったが、この社長は常に形式だけの仕組みは意味がないとのことで、実務を優先する仕組みの構築を常に考えていて、前の審査機関との衝突も、ＩＳＯの要求事項を押し付ける審査手法に腹が立ったとのことだった。実は実務を重視する仕組みという点では、私とまったく同じで、遠方までいち早く駆けつけた行動が報われた瞬間だった。

その後審査に行くたびに、柳井市のよさをわかってもらおうと、いろいろな処に案内していただいた。この企業も統合システムの運用状況がはっきり確認できるのは施工現場なので、積極的に現場に出向いた。

ほとんどの施工現場が、瀬戸内海を見下ろせる高台にあり、施工状況の確認と同時に、きれいな海、ゆったり航行する船舶、それにひと際目立つ大きな橋（大島大橋）など、柳井市の魅力を大いに堪能させてくれた。

その後岩国空港が開港され、東京からのアクセスが飛躍的によくなりつつある矢先、不幸にも社長様はご病気で亡くなられてしまった。その後奥様が社長を引き継がれ、今はご長男が経営のかじ取りをしている。

毎年度の統合審査も、経営者の参加はもちろん、各部門長も積極的に参加され、複数の規格の統合マネジメントシステムをよく理解し、積極的に実務に生かしているのは、おそらく創業された社長の意思が、確実に引き継がれている証拠だろう。

昔の城下町を再現した白壁通りや、歴史のある柳井駅、伊藤博文記念館、岩国の銘酒である獺祭工場、移住希望者が殺到し気候が温暖な平郡島、それにいつも利用している岩国空港近くの錦帯橋と岩国城。それに審査後のコミュニケーションの場など、ＩＳＯ審査を通じての楽しい思い出は、今後も忘れることはないだろう。

東大医学部・京大付属病院でＩＳＯ講演

今から17年ほど前に、「ＩＳＯ１３４８５ 医療機器の品質マネジメントシステム」という著書を出版した。その数か月後、東大医学部と京大付属病院からＩＳＯ講演依頼があった。この著書は薬事法との関連があり、慎重に内容を精査しながら2年もかけて執筆した力作だった。

両大学ともすでにこの著書が教科書に活用されていて、講演当日、医学部教授、若手の講師、学生、その他医療従事者など多数が参加された。

この国際規格は、品質のＩＳＯ９００１に医療機器特有の要求事項を加えたセクター規格だが、今の時代は、胃カメラや心臓ペースメーカー、その他医療に関わるあらゆる機器が、直接人体に影響することから、それらの品質が極めて重要視されている。

私はこの規格の意図を図解を中心にわかりやすく説明し、最後に、「医療の顧客満足」についても短時間ながら付け加えた。

医療対象の顧客、すなわち患者にいかに満足感を与えられるかについて、いくつかの提言を含め、講演を締めくくった。講演後、年配の教授たちは足早に会場から出ていかれたが、若手の数人の受講者からは、こちらの提言に対して共感を得たとのことで、わざわざ講師席までお礼に来られたり、著書のサインを求められたりもした。

彼らはきっと、患者に寄り添った立派な医者や医療従事者に成長していることだろう。

第5章

著書と別荘

日記の効用

今まで多くの紙面を使い、70年を超える我が人生を時系列的にまとめてみた。まだ記憶が確かなうちに、何らかの形で残しておきたいと思いついたからだ。

実は3年ほど前に、住宅を買い替え新築した。前に住んでいた住宅とは、同じ団地内で歩いて10分ほどの距離だが、今度の住宅は最寄りの駅から徒歩2分と近い。前の住宅はもともと高台にあるために、駅から坂道を登らなければならない。若いころはまったく気にならず、むしろ坂道は心臓を強くし健康にもよい考えの方が強かった。

さて住宅を買い替えるには、家の中を大整理する必要がある。不要なものは捨て、必要なものだけを新宅に移動する。誰もが考える引っ越しに伴う通常の作業だ。

その時大量の日記が見つかった。サラリーマンになりたての頃からつけてきた日記だった。

その昔の日記をあらためて読んだ時、まさに当時の記憶が読みがえり、これだけは捨ててはならないと決めた。

そこで思いついたのは、今までのノートや手帳に記載された日記を、パソコンに入力する作業だった。さて、やり始めたはいいものの、当時の手書きの文字が小さかったり、乱雑で読めなかったりして大変だったが、朝から晩までひたすら入力作業に没頭。

全部で約40年分もあったので、まる3か月ほどかかり無事終了。

その結果をプリントアウトしたものが、今書斎机の脇にある。というわけで、この執筆をしながら、記憶が怪しい時はこの日記のファイルをひっくり返して、当時の出来事を確認している。今回の執筆はまさに自分史。幼いころから現在までの貴重な「自身が生きてきた証」だ。

思わず時々読み惚れてしまうが、あいまいなところもあれば、何十年も前であってもはっきりと思い出せる箇所もあり、たった一言の記載がいかに重要だったかが、いま改めてわかる。

ただこれらの日記はサラリーマンになった当初からメモされたもので、それ以前の幼少期については、メモがあったわけではない。

実は父が残してくれた当時の写真がかなり残されていて、それを頼りに書き起こすことができた。親子の趣味は似るもので、私の父も写真が趣味だった。少し大きめの、上からのぞき込むカメラを肩にかけ、あちこちの観光地に連れて行ってくれた。それだけではなく、日常の何気ないしぐさもカメラに収め、アルバムに収納してくれていた。今は色褪せ、その色がまた当時の情景を思い出させてくれる。父と一緒に、暗い部屋にこもり、現像液に浸した写真が徐々に浮かび上がってくる光景は今なお忘れない。

この自分史をまとめた今回の執筆は、この年齢になると、まさに終活の一環だと思う。

あと何年生きられるかはわからないが、残された家族が「親父の生きざま」を探るのには、とてもよいツールになるのではないか。

著書の重み

私はラッキーにも、電機メーカーのサラリーマン時代から著書を出版できた。当時の上司の嫌がらせがあったにもかかわらずだ。

その後出版は継続し、かれこれ40冊ほどになった。著書だけではなく、さまざまな雑誌や新聞にも、ＩＳＯに関わる記事を掲載させていただいた。

今思えば、国内や海外からの講演依頼も、皆著書を購入していただいた結果だった。

ＩＳＯの日本への導入初期のころ、有志で「ＩＳＯ研究会」を主宰し、さまざまな問題点や今後の動向などを探ったことがあった。

その時のメンバーの一人が、私が著書を出版したことを聞き、自分も出版したいので、どこかの出版社を紹介してほしいと頼まれ、某出版社を紹介した。

ところが数か月後彼から連絡があり、とても執筆は大変であきらめたいという。

私が紹介したこともあって、出版社へ連絡を入れたところかなり憤慨されていたが、私からうまく説明し納得していただいた。その後研究会で彼に何度かお会いしたが、執筆は大変だというばかりで、私に詫びることはなかった。何とも勝手な人だと思ったが、その後付き合いはない。

今思えば、仲間が出版できたので、自分でも簡単に出版できると思ったに違いない。

出版は甘くなく、自分の思い通りに簡単にできることではない。

著書が出版されるということは、今この手の本が世の中に必要とされているかが、問われるのだ。

ましてや現在は「出版不況」で、よほどのインパクトがなければ、出版とはならない。もしどうしても出版したければ、高額なお金を支払い「自費出版」という手もある。

著者と出版社の編集者との関係も重要だ。著書の内容はもちろん、売れるタイミングもばかにならない。内容がいいのに売れなかった本などいくらでもある。

本の体裁も極めて重要だ。読者に訴えるインパクトのある表紙から始まり、手に取っての感触、紙質や重さ、それに値段だ。「本のタイトル」については、編集者から著書に時々相談が寄せられる。

私の場合も、よく聞かれた。

私は著書で稼ごうとする気持ちはあまりなく、全国の読者に広く読んでもらいたいので、値段はなるべく抑えてほしいと出版社へ申し出るのだが、なかなかそのままのでは通らなかった。著書が売れると印税が支払われるが、一般的に著書の価格の8～10％が一般的だ。

私のたくさんの著書のうち、15万部売れたベストセラー本があったが、当時の私はサラリーマンだったので、印税は全額会社に入れた。

私のほとんどの講演が、著書付だった。著書を無料で配布するわけではなく、会場で販売もした。

購入希望者には目の前で、著書にサインして手渡したものだ。

私もさまざまな講演会に今でも参加するが、講師の著書があると何となく安心感があり、講演内容にも説得力を感じる。私の場合も、そうだったと思いたい。

大型書店

出版後著書の売れ行きが気になるが、私も同様で、全国の主要都市の大手書店にしばしば立ち寄ったものだ。新宿の紀伊国屋書店はもちろん、池袋のジュンク堂書店、大阪、札幌、福岡の紀伊国屋にも何度も足を運んだ。時々著書を写真に納めたくなるが、無断は厳禁なので、時々当該書店に許可をお願いしたことがあり、どこの書店も快く応じてくれた。

ある地方の大型書店でのこと。著者が来店するのは極めてまれとのことで、私を加えた記念写真を依頼されたこともあった。また札幌、福島、大阪、福岡などのスナックでも色紙にサインを頼まれ飾られたこともあった。当時ＩＳＯブームと騒がれたころで、今は懐かしい思い出だ。

さらにいくつかの著書は、韓国語、中国語、タイ語などに翻訳され、出版されたこともあった。

海外講演の折り、必ず翻訳本をこの目で確認しに書店に立ち寄ったが、いずれの翻訳本も、ソウル、台北、バンコクの大型書店に置かれていた。

当初サインの文字はどのように書いたものかと悩んだが、高校の同級生に書道の師範がいて、彼に頼んだら快く引き受けてくれ、数十種類の字体の見本を送ってくれた。そのうちの一番気に入った字体を今なお使わせてもらっている。

ところで著書の売れ行きについては、いまだによくわからない。プロの出版社の編集者も時々予想が外れるそうだから、その予測は相当難しいのだろう。

編集者の話では、ブームになる直前がベストだというが、そのブームがいつかを探るのがまた難しいとのこと。

出版社によれば、新聞や雑誌で大々的に宣伝されているのは、すでに売れている実績が確認できているからで、それが確認できないうちに前倒しで宣伝することなど、普通はあり得ないとのことだった。新聞や雑誌の広告は決して安くはないので、それは当然だろう。ましてや現在は出版不況だ。売れる見込みがない本に、宣伝コストをかけるわけがない。私のいくつかのベストセラー本も、ＩＳＯブームと派手な出版社のおかげだったのである。

健康の維持

私も昨年、後期高齢者の仲間入りをした。幸い今まで大きな病気はしたことはないが、何時私も大病に襲われるのか、気がかりである。

新型コロナにも、幸いまだ感染していない。ワクチンは3回接種したが、その後の接種はまだだ。家系的には長生きではなく、母は52歳で亡くなっているし、父も80歳で逝った。もうすぐ私も、父の逝った歳になるが、まだ遺言を書く気にはなれない。しかし終活は徐々に進めている。

長年住み慣れた家は手放し、駅近くの家に引っ越した。都内のマンションも最近手放した。長年仕事場として活用してきたが、通勤に自宅から1時間以上もかかり、これ以上の通勤の負担は耐えられないと考えたからだ。

私の健康法は、なんといっても睡眠の確保だ。若いころから睡眠が不足していると、何もかもうまく行かなかった。前述したように、代表的なのが大学受験だった。

試験日の前日、緊張のあまり一睡もできなかった。当然ながら実力が出せるわけがない。他人はよく、前の日はあまり寝られなかったが、結果は良かったという。それが私には当てはまらないのだ。睡眠不足というメッセージが全身を駆け巡り、それが恐怖となり、その後のすべての活動に影響してしまうのだろう。

というわけで、過去の苦い経験から、なるべく悪さが再現しないよう、十分な睡眠の確保を常に心がけている。

まずは静かな住環境の確保だ。当初自宅はマンションか戸建かで悩んだが、何かと通勤に便利なマンションを選択した。ところが住んでみて、車の騒音が気になり、長く住もうとは思わなかった。

その後郊外の戸建てに移り住んだが、周りは静かで睡眠を妨げられることはほとんどなくなった。

もうひとつ、睡眠を妨げられる要因として、精神的なストレスがある。

会社の仕事、それに人間関係や業績評価など。会社内でのストレスは数多くある。これについては前述したが、当初のサラリーマン時代に、上司と合わずつらい思いをした。もうかなり前で記憶も定かではないが、眠れない日々が相当あったと思う。今の時代であっても、組織の一員として活動するには、この人間関係は必ずついて回るので避けることはできない。ストレスに強い弱いはあるにせよ、なるべくダメージを少なくする工夫が必要だ。

何かに熱中できる趣味を持て、とよく言われるが、私は特別これといったものはなかった。しいて言えば写真だが、これとてすべてを忘れさせる効果はなかった。

逆に時がすべてを忘れさせるというが、これはあると思う。

もっともこれは、当時の状況が鮮明に再現されないだけで、心に負った深い傷は一生ついて回るかもしれない。

一方、適度な運動は睡眠を誘うというが、これは当たっている。睡眠ばかりではない。ストレスの解消にも役立つ。

戸建購入・住み替え

幸いなことに、私の自宅の周りは自然がいっぱいだ。

もう40年ほどこの地に住んでいるが、大手不動産が開発し、すべて戸建てで、総数が約2000戸もある大団地だ。

当初からこの団地に住みたいと思っていたわけではなく、たまたま偶然だった。

ある日家内とこちらの方面にドライブに来た時、突然土砂降りの雨に会い、駆け込んだのが、この団地の住宅案内所だった。

常駐の担当者が、たまたま当選者が辞退した物件があるので、ご案内したいとのこと。

当時東京近郊は、大手デベロッパーが開発した大型団地がいくつもあり、人気だった。この団地もそのうちの一つで、入居は抽選だった。

ものはついでだと思い、見学した。一目で気に入り決めてしまったのだ。

メイン道路から少し離れたところにあり、物静かで住宅前も6メートル道路だ。これなら車の出し入れもスムーズにでき、敷地の広さは52坪でまあまあの広さ。

入口から5～6段上がった処に玄関があり、しゃれている。

その後この家に40年近く住み、ここから徒歩10分ほどのところに最近引っ越した。

新宅は最寄り駅まで徒歩2分。全館空調付きで、室内は年間を通じて23℃前後に保たれ、夏や冬の時期には、外気温と室内の温度差に圧倒され、まさに快適そのものなのだ。2Fの書斎の東と南はともに畑で背景に森も見え、夜は広めの窓から満点の星も眺められる最高の住環境だ。

不要品の整理

ついこの間、新居に引っ越す際大整理した。約40年近く住んだせいもあるが、あらためて整理すると、たくさんの不要物が発見された。息子2人は高校生まで同居していたが、その後ここを離れた。息子たちは時々ぶらっと帰宅することもあるので、部屋もそのままにしておいた。勝手に処分でもしたら、彼らにとっては宝物かもしれないと考えたからだ。もちろん、定期的に掃除はしていた。当初の形は崩さずに。

私はもともと整理好きで、いろいろなものが散乱しているのは好きではなかった。

今執筆しているこの書斎も、書棚は整理し、いつでも必要なものは取り出せるようにしている。また引っ越し時に、たくさんの本があったので、近くのブックオフに持ち込み処分した。

今の書棚はすべて自著で占有されており、それでもあふれて、隣の部屋の書棚にも収納している。あらためて自著の多さに驚くが、執筆した時の大変さを思えば、すべて私の貴重な財産だと考えている。

必要ないものは処分することはわかってはいるものの、それをためらうのは誰しも同じだろう。当時頑張ってお金を貯めてほしいものを手に入れたからこそ、捨てられなくなってしまうのだ。

でも残り少ない人生を考えたら、昔の思い出に浸るより、残された家族に迷惑をかけると考えれば、早めの処分も悪くないと思う。

私の場合は何か物事が終了してしまうと、たいていそれらに関係していたものは処分してしまう癖がついている。処分するのは終わった証拠でもあり、スッキリするとともに、次の仕事に全力で取り組む準備ができたと思うからだ。

ただ失敗もある。著書の出版までは、数回出版社と原稿のやり取りをする。ある時、最新の原稿が送付されてきたとき、一つ前の赤字の原稿を処分してしまったために、どこをどう直したかの確認ができずに困ったことがあった。

いつもは赤字の原稿をコピーして保管しておくのだが、それもしていなかった。

しかし最近は救われることもある。

たいていの著書の原稿はパソコンに残っているので、プリントアウトしたものが手元になくても、それを見れば回復可能だ。

機密情報の保護

引っ越しで処分するのに一番神経を使ったのが、パソコンだった。仕事柄自宅にはパソコンが4台もあり、2台処分することにした。すべてノートパソコンだったが、ひとつはバージョンが古く、もう一台はMAC型だった。

一番の心配が、機密情報の漏洩だった。たくさんの個人情報をはじめ、見積書、契約書、その他講演のテキスト、それに大量の写真や動画も含まれている。

悪用されればひとたまりもない。一応処分業者に引き渡す前に、自分ですべてのデータを消去したが、これとていつでも復活できるとのことで、業者からデータの完全消去の確約書を入手しておいた。

またデジカメの処分だ。古いデジカメは5台ほどあり、すべて処分した。キャノン、オリンパス、リコーなど、当時としては最高の人気カメラを、処分業者に引き取ってもらった。驚いたことに、一台数万円を超える高額な引き取り価格が付くものもあり、業者が準備してくれた引き取り専用の段ボールに入れ送付した。もう10年近くにもなるこれらのカメラが、どうして高値で引き取ってもらえるか不思議だったが、カメラを専門に扱う業者とのことで、高値であっても何か大きなメリットがあるのだろう。

その他粗大ごみの処分も大変だった。大型の食器棚、応接セット、それに今ではサイズが合わないスーツや時代遅れのコートなど、4トントラックに一杯になってしまった。引き取り業者によれば、日本人にはもともと、高価なものは別にして、新品同様でないとても売れないので、ほとんど処分するとのこと。

その他海外に持ち出す手もあるとのことだが、今は輸送費が高くて商売にならないとも言っていた。

最近は「ミニマリスト」が報道で話題になるが、あの対局にあるのが、100円ショップではないだろうか。

何かと便利で、私もつい普段使わないものまで買ってしまうが、結局は使わずに処分したものは決して少なくはない。最近は手に取っても、今必要なのか、ないのかを慎重に判断している。

別荘

少し前の話になるが、ISOバブルのおかげで。当時私もかなり余裕が出てきていた。

もともと独立時から無借金経営で来ていたが、世の中いつどうなるかはわからないものなので、余裕があっても無駄な投資は避けてきた。

ただ前々から、自宅以外にどこか静かで落ち着く場所があればいいな、とは考えていた。

ある日たまたま新聞で、軽井沢の別荘の売り出しに目が止まった。

開発・売り出し主が「ミサワホーム」とあり、過去にこの会社を審査したこともあって、親しみを感じたのだ。

現地は軽井沢の一等地からだいぶ距離があり、中軽井沢を過ぎ、追分交差点を入って行く。

近くには信越線の「信濃追分駅」があり、その先だ。

あった、あった。大きな文字で書かれた、別訴売り出し中（ミサワホーム）の看板だ。一目で気に入ったのは、大きなゲートがあり、部外者は容易に立ち入ることができない構造だ。軽井沢の別荘は、有名人が保有する一番レベルが高いといわれる本軽井沢の別荘にしても、一般の車が許可なく容易に、近くまで入ることができてしまう。

目の前の別荘は、それとは大違いだった。

売り出し会場に到着すると、すでにかなりの人だかり。来場者に一目でわかるよう、販売区画、価格、申し込み状況などが、特大のボードに公開されていた。

ボードには別荘全体の区画が表示され、すでに完売済の区画も数十個あり、今回は2度目の販売だった。今回売り出し中の区画は30ほど予定されていて、広さはすべて1000㎡以上だった。

ただこの別荘は、全体が平たんではなく、山岳地帯を開発したとのことで、ほとんどの売り出し区画が斜面だった。

私は斜面はまったく気にならなったが、山登りがあまり好きではない家内は乗る気ではなかった。

各区画の売出価格にはかなりの差があり、パンフ片手にすべての区画を回ってみた。

一区画が広いので一回りしただけでかなり疲れてしまったが、あらためて売り出しボードを確認したら、価格が安い区画にはすでに数人の応募者リボンがついていた。今回の売り出し区画の価格は、ほぼ同じ広さでありながら、場所により2千万ほどの開きがあった。どうしてそのような価格差が出るのか、素人目にはよくわからなかったが、どうせ抽選で外れるのなら、倍率が高くかつ安い区画に申し込んでみた。確か8倍ぐらいだったと思う。

申込み時の営業担当者との雑談の中で、何気なく、ミサワホームさんのＩＳＯ審査を担当した旨話してみた。

当選の連絡

後日ミサワホームから、「貴殿が先日の抽選で当選しました」との知らせがあった。

結果はラッキーだったかもしれないが、当時私はすぐに購入する考えはなく、もし私の発言が影響したなら、むしろ余計なことをしてくれたと考えたほどだった。

その後あれこれ考え、結果として販売契約書にサインすることになるわけだが、人生にはなかなかチャンスは少ないことを考えれば、あの時決断して正解だったのではないかと思う。

後日あらためて現地に行き敷地を確認すると、かなりの急斜面で、本当にここに建物が建てられるのか不安に感じたものだ。一方、考えようによっては、平たん地よりも見晴らしが利き、かつプライバシーも守れるメリットもありそうだとも考えた。

ログハウスメーカーに決定

その後は地元の工務店や大手建築会社とあれこれ議論を重ね、最終的にお願いしたのは、中堅ログハウスメーカーだった。すでに軽井沢ではかなりの実績があり、そのメーカーの作品を現地でこの目で確認しながら、別荘ならログハウスと決めていたので、すんなり決まった。

しかし全体の建築費については、当時あまり検討せず、土地代も含めると6千万を超えていた。このメーカーによると、ログはカナダ産の最高のもので、建物の気密性も高く、真冬でも部屋の中は暖炉の熱気で暑いくらいだという。その他値が張ったのは、かなりの斜面なので、基礎のコンクリートの厚みが通常より3倍ほど必要になったとの説明だった。

その後工事は順調に進み、開始から約1年後の春に完成した。

私が一番希望していた6畳程度の書斎が設けられ、リビングには大きめの暖炉、それに風呂は岩風呂にした。その他木造のデッキは、大勢の家族でも十分バーベキューができるほどの広さを確保した。真夏の気温は、都心よりも常に7〜8度低く快適で、逆に真冬は寒く、時にはマイナス10度にもなるが、部屋の中は暖炉の熱気で、25℃近くもあり快適である。

暖炉の火やぱちぱち音は、まさに心の癒であり、日常のさまざまな悩みを忘れさせてくれる。

また岩風呂も大好きだ。決して大きくはないが、湯船につかると日常の疲れが吹っ飛んでしまう。

湯温の設定はいつも多少低めに設定しているが、なぜか熱めに感じるのは外が寒いからだろうか。

念願の書斎は、まさに私の仕事場だ。今までこの書斎で何冊執筆したことか。

また私の別荘は、この団地の中でもやや外れにあり、めったに人は通らないし、物音ひとつ聞こえない環境だ。聞こえるのは、鳥の鳴き声と樹木が揺れる音だけだ。時折野生のリスも見かけたりもして、自然の真っただ中にいるようだ。また書斎は憩いの場でもある。ゆったりとした安楽椅子に揺られ、天窓から満天の星空を眺めながら、今まで生きてきた人生を振り返る。

そして人生の終活を意識しながら、今できることは何かを模索する。

何時の日か、大好きなこの書斎で息絶えてもよいとも思っている。

別荘改修工事

あれから17年が経過した。自慢のデッキも腐食が進み、このほど屋根や外壁も含め、全面的に改修工事を行った。まるで見違えるほどきれいによみがえり、建築当初に近いログハウスに復元できた。

今年の夏は今まで経験したことがないほどの酷暑が全国各地を襲った。このような時こそ、この別荘の有難みが倍増する。まさにこの地に逃げ込むという言葉がピッタリで、そのうち永住も考えている。

第6章

人間の生き方

平凡な人生

あらためて思うに、自身の人生は平凡だったのではなかったか。これからまだ生きたとしても、特別な何かを残せるわけではない。

平凡な人生とは何か？

今まで生きてきた中で、世の中にないものを発見したり、人々に多大な貢献をしたり、他人にできないことを実現したりなど、特筆すべきことがなかったことが、平凡な人生だと思う。

こう考えると、ほとんどの人が平凡になってしまうが、誰しも最初から平凡な人生を目指していたわけではない。誰だって夢や希望があり、それを実現しようと頑張ってきたはずだ。

しかし結果として、世の中に認められるような特筆に値する業績にはつながらなかった。それはそれでよいのだと思う。

むしろ努力して認められたいという、そこに至るプロセスの方が重要だと思う。が、結果として認められなかった、そこまで行かなかったことは、誰しもいくらでもある。

でもそれまでの努力や実績は、その後の人生に大いに役立っているはずだ。

マルチ人間

私はサラリーマン時代、よく「マルチ人間」といわれたものだ。私はいい意味で理解しているが、あっちこっちつかずの中途半端な人間ともとれる。

30代半ばのころ、会社の業務の傍ら、いくつかの専門雑誌に投稿したことがある。その後40代中頃になり、著書を出版でき、全国や海外で講演もこなしながらだった。すべて会社の業務もやりつつだ。多少きついと感じたこともあるが、あまり違和感はなかった。

基本的に私の性格は、目の前の仕事をやりながら、別のこともできないかと考えることだ。もちろん目の前の仕事が自身の能力を超えていたら、そんな余裕はないから、それに集中するだけだが。

ISO事務局の時もそうだった。事務局の仕事をしながら、執筆もしていた。今風にいえば、つねに「コスパを考えた行動」が当たっているかもしれない。意味のない無駄な行動は、意識的に避けてきたように思う。

考えてみれば私は若い頃から、一日を総括する癖がついていた。今日一日何をしたかを振り返ったものだ。それが日記につながっていたともいえる。

これからの時代は、このコスパの考えが極めて重要になってくる。今の世の中、たくさんの情報があふれ、それらの情報をうまくコントロールできないと、思いもよらぬ無駄な作業をやることになってしまう。

多くの情報をコントロールするためには、頭の中の回路は並行処理にしないと、時間ばかりかかり、目的の情報を素早く取り出せないことになる。頭の並行処理とは、一つのことを考えながら、それに関連することも同時に考えることだ。

多くのインターネットの情報の中から、まずは無駄な情報を除外し、有用な情報だけを取り出し、さらに目的の情報に絞り込む作業は、頭は時系列的ではなく、並行処理でなければならない。

頭の並行処理なんていうと難しく考えがちだが、直感でものごとを判断するのは、まさに脳が並行処理をしているからだ。例えば新製品の開発時に、機能、デザイン、色、重さ、価格、取り扱い方などを同時に考え判断しているはずだ。その考えをあらゆることに応用するわけだ。

人間の信頼

仕事がスムーズに進む。コミュニケーションが良好だ。彼との付き合いは長い。

困ったら助けてくれる。あるいは助けたい。

皆これらの結果は、お互いの信頼関係に基づいている。

仕事に限らず、日常のさまざまな出来事は、コミュニケーションから始まる。

挨拶にはじまり、用件を伝え、目的を実現する。

そこには、お互いに信頼関係があるからこそ、さまざまな目的が達成できる。

さてこの信頼関係には、ものごとの決めごとと、人の問題がある。

決めごとすなわちルールは、あらかじめ設定されているのがほとんどだ。

例えばスーパーで買い物をして、レジで料金を支払う。支払った料金と購入した品物の合計はぴったり合致しているとわかっているから、人々は安心して買い物ができる。

つまりこのレジの計算システムは、事前に何度も検証して、間違いないことがわかっているから信用されるのだ。

次に人を信用・信頼するとはどういうことなのか。

レジの計算システムとは違い、他人との関わりはいつも同じではない。担当者も変われば、仕事の内容も異なる。人を信用する、逆に信頼されるとは、相手の要望を聞き、それに見合った回答を相手に提供することだ。

ただこれだけでは相手から信用は得られない。単なるビジネス上のやり取りにすぎないからだ。人から信頼されるためには、この基本のやり取りのほかに「プラスアルファ」が要る。

彼に頼めば、必ず期待に応えてくれる。彼なら相談に乗ってくれそうだ。彼のいうことなら間違いない。などの印象が相手に伝われば、そのことが相手から信用・信頼されることになる。すぐに相手から信頼を得られる場合もあるし、相手が慎重派なら、長期間かかることもあるかもしれない。

もうひとつ重要なことがある。相手から信用を勝ち取るためには、自らも相手を信用する必要があろう。つまり双方の信頼の上でこそ、人間関係はうまく行くものだ。

一方せっかく築いた信用も、メンテナンス次第であっという間に崩壊してしまう恐れもある。相手からの連絡になかなか返信しなかったり、あるいは相手の要求についてどうしても応えられない場合は、その理由を説明するなりしないと、せっかくの信頼が失われてしまう。

私の場合は、コンサル時代の仲間、ISO審査員、それに登録組織の皆様とは長年にわたり良好な関係にある。これもお互いの信頼関係がしっかり維持されているからだ。

格差社会

この世に生を受け、成長しながらさまざまな体験をし、時には喜び、時には悲しみ、やがては年をとり、一生を終える。生を受けた人間のプロセスだ。

人により、長い、短いはあるだろう。それも運命だ。

また人は生まれた環境で、その後の人生や生き方が左右されてしまうのも事実だ。

裕福な家庭環境の下では、それなりの生活が保障されるし、裕福でない場合は、それに見合った生活を強いられる。しかし日本という国は、諸外国にくらべ自身の努力次第で、いくらでも富を築くこともでき、一国のトップにもなれる。

世界を見渡しても、なかなかこのような国は見当たらない。

弊審査機関の本部がある英国でも、もともと階級制度が根強く残り、「上流」「中流」「下流」とされている。上流はもともとの貴族で、中流は技術者、下流は肉体労働者を指し、下流から中流にでさえなかなか上がれないといわれている。

身近な隣国の韓国でさえ、超学歴社会で、著名な大学に入れなければ、すでにそこで脱落してしまう。

他国に比べ恵まれた環境にある我が国だが、日本でも格差社会が生まれつつある。ひとつは「非正規社員」の問題だ。一度非正規になると、なかなか正規社員として認められず、大きな格差が生まれてしまう。

一昔前は、社会に縛られず自由に生きたいとのことで、自ら志願して非正規雇用を望んだものだが、今は当初から非正規でしか雇用されない人が数多くいる。

当初の就職試験で正社員になれなかった人もいるし、何らかの理由で会社を辞め、その後ずっと正社員になれずに、非正規のままの人は少なくない。

日本での非正規社員の数は年々増加傾向にあり、今や全体の50％に迫ろうというから、尋常ではない。

非正規社員

一度非正規社員になってしまうと、劣悪な環境にさらされてしまう。同じ仕事をしても給与は半分。ボーナスはなしで、社会保険にも入っていないとなれば保険証ももらえない。この問題を解決するために、今非正規社員を正社員へ登用する動きが出始めているが、あくまでも余裕がある企業のことで、数多くの中小企業では、なかなかそこまで踏み切れないでいる。

最近若者の未婚率がまた上昇したニュースが報じられているが、若者は結婚したくてもできないのが現状なのだ。結婚願望は昔と変わりはなく、まともな年収を稼ぐことができないために、数字が上がってしまうのだ。

もう一つは、日本の生産性の低さだ。日本はGDP（国内総生産）が世界3位にも関わらず、生産性は世界で40位と低迷している。その原因はいくつか考えられるが、

1）　少子高齢化による労働人口の減少
2）　長時間労働による弊害
3）　テクノロジー不足による自動化の遅れ

などが大きいとされる。

これらを早期に解決しない限りは、なかなか生産性は上げられず、格差は広がるばかりだ。

若者へのアドバイス

私は仕事柄若者と話す機会が多い。ＩＳＯ審査でも、その後の雑談の中でも、何げない会話をかなりする方だ。そこで感じたことを述べてみたい。

ひとつは、積極性がいまいち足りないところだ。

こちらが話しかけるまで、ますは口を開かない。ＩＳＯ審査員ということもあり、警戒心もあるかもしれないが、もしそう感じるようだったら、こちらにも責任がある。

一方彼らは、日常の目の前の仕事は一生懸命だ。工場審査で時々質問させてもらうが、自身の仕事を第三者にわかりやすく説明してくれる。会議室での審査のやり取りと大違いで、皆現場では生き生きとしている。

私は昔から「職人気質」の人が大好きで、尊敬もしている。どんな職業であれ、その道のプロは美しいものだ。昔の大工さんは、ろくに図面がなくても、家を建ててしまう。長年の経験と勘がそうさせるかもしれないが、大したものだと思う。大工さんに限らず、メーカー、建設業、サービス業などのプロも、みな同じだと思う。先日IT企業の審査で、担当者に質問をしたところ、プログラミング画面を見ながら説明を受けたが、まるで彼の頭の中の説明を受けたような気がしたものだ。

今後の世の中は、だれでもできてしまう単純な仕事は、AIやロボットに置き換わってしまう時代となるので、今のうちから人間でしかできない仕事にシフトしたらどうか、というアドバイスはしている。

また日本は欧米のように、まったく世の中にないものよりも、既存の融合技術に優れているので、そういう方向のアイデアも貴重だとも話している。

今後少子化の影響で人手が足りずに、諸外国の人が身の回りにいる時代がきっと来るだろう。でも世界共通のISOの仕組みは万国の共有財産であり、考えることは皆同じだと思う。

私は単なるISO審査だけではもの足りず、せっかくの若者との交流の場も大切にし、今までの自身の実績や経験を伝えることで、若者に何かを生み出すサポートもしているつもりでいる。

人生100年時代

新聞の死亡欄でも、時々100歳を超える人が増えてきた。一昔前とは様子がかなり違ってきている。

しかも一見100歳を越えたとは気づかないほど、外見は若い。肌はつやつやしているし、しわは目立たない。首筋の血管も浮き立ってはいないし、どうみても100歳越えにはとても見えない。

それに受け答えや日常の行動もしっかりしているので、なおさらだ。

多少歩く速度は遅めだが、背筋はまっすぐで、白髪交じりだが髪の毛もふさふさしている。

最新の世界の国々の寿命ランキングでも、我が国の女性は世界一、男性も4位だった。

お年寄りに長寿命の秘訣を尋ねてみると、

1） 肉よりも野菜中心の食事

2） 適度な運動とストレスをためない

3） 家族のサポート

などが語られる。人によっては野菜よりも肉をたくさん食べる人もいて、体質に寄りだいぶ違う。

人間には寿命というのがあって、必ず死ぬ運命にある。

平均寿命が伸びたといえども、130歳まで生きた人はまだいない。

またこの先、肉体的には丈夫でも頭の方がついて行けないとなれば、家族や周囲に何かと迷惑をかけるので、脳のメンテナンスも必要不可欠だ。

私は今散歩を日課にしている。天候が思わしくないときでも、状況次第で出かけている。健康の維持や気分転換もさることながら、今までの著書のアイデアも、この散歩から生まれているものも少なくない。

散歩の行く先も行き尽くしてしまっているが、コースを逆回りしたり、時には小さな自転車で少し遠出も楽しんでいる。

新しい発想やアイデアは、いつも頭の中を駆け巡っていて、何かのタイミングでそれらを捕まえるというのが私の考えなので、日常の生活の中でも「メモの重要性」は痛いほどよくわかっている。

これから先、100歳越えをターゲットにした、運動教室やカルチャーセンターなどが出てくるに違いない。その他さまざまな各種大会も開催されるかもしれない。そのうち、100歳だといったらまだ若いと言われる時代が、もうすぐ来るだろう。

家族

最近家族の中で、殺し合いのニュースがよく報道されるが、いったいどのような理由からだろうか？

にわかには信じられないが、それ相当の理由があってのことだと思いたい。

若いうちは、なかなか家族のありがたさはわからないものだが、学生としてひとり暮らしを始める頃から、徐々に目覚めてくるものだ。

一つは毎日の生活費とアパート代。お金や住むところがなくては、生活できない。アルバイトで稼ぐ人もいるが、安定的なお金の確保は容易ではない。それに授業料だ。これは高額なので、たいていは親が支払ってくれる。

その後社会人となり、自分で稼ぐことで、徐々に親の有難みがわかってくる。お金を稼ぐことは、これほど大変なのかを身をもって感じるからだ。

その後結婚し、子供に恵まれその後成長するにつれ、徐々に、今自分が考えていることや行動が、今まで親がやってくれていたことに、気づき理解する。

このように、時代が移り変わっても、親のありがたさがわかれば、多少の意見の食い違いがあろうとも、親子の殺し合いまで発展するなんてことはあり得ない。

いつの世も、親は子供の成長や幸せを願い、子供は親の健康や老後を心配する。

それは意識するまでもなく、親子であれば自然に育まれる心情なのだ。

そして何かの問題が発生したときは、皆で協力しながら解決する。これが家族の絆なのだ。いくら仲の良い友人がいても、そこは家族とは違う。

そういう意味では、私の今までの人生は、まさに家族に支えられてきた結果だと思う。

地元の大学を卒業し、都内の会社に就職し、見合いで家内と結婚し、マイホームを持ち、2人の子供に恵まれ、今や2人とも社会人となり、孫も4人となった。

時々孫の元気な姿をスマホで撮影し、送ってくれる。またラインのカメラを通じて、お互いの元気な姿を確認することもしばしばだ。

また長期の休みには、孫の元気な姿を見せに帰ってきてくれるし、こちらも息子達の家族のところへも出かけたりしている。この幸せがいつまで続くかわからないが、私の平凡な人生も最終章を迎えようとしている。世の中に大きな功績を残したわけではなく、一般の人と同じ道を普通に歩んできた。今まで生きてきた途中で、ラッキーだったこともあったし、アンラッキーの面も多々あった。

しかしそれらをどうにか乗り越えられたのは、親しい友人や仕事仲間であり、家族の存在だった。

あっという間の人生

年配やお年寄りがよく口にするのは、「あっという間の人生だった」という言葉だ。

不思議なもので、年を取るほど人生が短く感じるのは誰しも同じだと思う。

幼い頃は、時間は無限だと思え、人間は死ぬなんてことは想像さえできなかった。

ところが年を重ね、さまざまな体験をしてくるにつれ、人生は有限だとわかり、やがてはこの世からいなくなる運命にあると理解できる。

私の場合の気づきは、確か小学校高学年のときだったと思う。

冬の寒い日。こたつに潜り込んでいた時、今横にいる両親も、やがては年を取りこの世にいなくなってしまうとの思いが急に頭をよぎり、涙が止まらなくなってしまったのだ。

時間は万人に与えられた共通の資源。一生が短く感じる人もいれば、長いと思う人もいるかもしれない。共通していえることは、充実した時間であれば短く感じ、逆の場合は長く感じてしまう。楽しいと時間を忘れるとよく言われるが、あっという間の人生だと感じる人は、それなりの楽しい時間を今まで過ごすことができた、ともいえるのではないか。

人生は一度きり

人間は、生まれてから死ぬまで、一度しか体験できない。今度生まれかわったら……、とよく口にするが、それは架空の話だ。であれば、今できそうなことは、なるべくやってみる習慣をつけたらどうかと思う。私も今まで生きてきた中で、あの時やっておけばよかったことが数多くあり、今は後悔している。

「何事も体験だ」とよく言われるが、当たっていると思う。目の前のことに挑戦したり体験したりして、以外とスムーズにできたり、逆に手こずり自分には向いていないとわかる。最近は、いたるところで「体験学習」が開催されているので、小さいうちから体験させておくと、何かに遭遇した場合に機転が利き、素早い行動につなげることができる。昨今津波を想定しての避難訓練が各地で行われているが、実際に行動して初めて、現実的なのか否かがわかるのだ。

もう一つ、ガンが進行してしまった患者の考え方だ。手術や治療を選択するか、しないかを問われた時だ。いろいろな事情があり、選択に迷うかもしれないが、いつかは決断しなければならない。要は最後の決断は本人だが、高齢だとがん細胞を切除したとしても、体力が持たず助からないことも十分あり得る。また、手術してもしなくても、寿命がほぼ同じだというデータもあり、手術に踏み切れない人も増えている。今までこのようなデータが明るみに出てこなかったせいもあるが。

残念ながら、人生は巻き戻しが利かない。過去は過去だ。楽しかったことも、つらかったこともたくさんあったに違いない。でも、まだ元気でいる。これから先いつ寿命が尽きるかはわからないが、まだ元気でいられるうちに、やり残したことに挑戦してみたり、あるいは貴方の人生の総括をしてみたらと思う。

私は今回この著書で、初めて幼い頃から今日までの自分史をまとめてみた。あらためて自分の人生を振り返ってみると、ささやかな実績と、たくさんの挫折を味わった平凡な人生だとわかった。しかしこの平凡な人生でのさまざまな出来事の足跡こそ、後を引き継ぐ家族や、私を知る人達へのささやかな贈り物だと考えている。

萩原 睦幸（はぎわら むつゆき）

株式会社リベシオ　代表取締役

大手電機メーカーを経て独立。ISOの専門家。

ISOコンサルをベースに役立つISOを全国展開中

「ISOは経営をダメにする」（幻冬舎）「ISO9001わかりやすい解釈」（オーム社）「ここが変だよ日本の内部統制」（日経BP社）「ISO22000のすべて」（日本実業出版）「新ISOが見る見るわかる」（サンマーク出版）「名言」（ギャラクシーブックス）ほか　著書多数。

「新ISOが見る見るわかる」は15万部のベストセラー。

上記数冊は韓国語、中国語、タイ語に翻訳されている。

人生後半成功物語
人生100年時代の生き方

2023 年 12 月 15 日　初版発行

― 著　者 ―
萩原 睦幸

― 発行所 ―
株式会社　三恵社
〒 462-0056
愛知県名古屋市北区中丸町 2-24-1
TEL 052-915-5211　FAX 052-915-5019
URL https://www.sankeisha.com/

ISBN978-4-86693-879-0 C0095